FAMÍLIA   VIAGEM   GASTRONOMIA   MÚSICA   CRIATIVIDADE
& OUTRAS LOUCURAS

LUCIANO BRAGA

O PODER DO TEMPO LIVRE

DESCUBRA SEU POTENCIAL, CRIE PROJETOS PARALELOS E TORNE SUA VIDA MAIS INCRÍVEL

2ª reimpressão/2020

© 2017 Luciano Braga

Uma mensagem assustadora dos nossos advogados para você:

Nenhuma parte desta publicação pode ser reproduzida, armazenada ou transmitida, sem a permissão do editor.

Se você fez alguma dessas coisas terríveis e pensou "tudo bem, não vai acontecer nada", nossos advogados entrarão em contato para informá-lo sobre o próximo passo. Temos certeza de que você não vai querer saber qual é.

Este livro é o resultado de um trabalho feito com muito amor, diversão e gente finice pelas seguintes pessoas:

Gustavo Guertler (edição), Fernanda Fedrizzi (coordenação editorial), Germano Weirich (revisão), Celso Orlandin Jr. (projeto gráfico) e Marina Viabone (capa)

Obrigado, amigos.

2017
Todos os direitos desta edição reservados à
Editora Belas-Letras Ltda.
Rua Coronel Camisão, 167
CEP 95020-420 – Caxias do Sul – RS
www.belasletras.com.br

Dados Internacionais de Catalogação na Fonte (CIP)
Biblioteca Pública Municipal Dr. Demetrio Niederauer
Caxias do Sul, RS

B813p	Braga, Luciano
	O poder do tempo livre / Luciano Braga. _Caxias do Sul, Belas Letras, 2017.
	112 p.
	ISBN: 978-85-8174-388-2
	1. Criatividade I. Título.

17/60	CDU 159.964

Catalogação elaborada por
Maria Nair Sodré Monteiro da Cruz CRB-10/904

Escrito com muito carinho,
no meu tempo livre.

PREFÁCIO

Existe um culto moderno pelo sucesso, essa coisa subjetiva e super-individual, que ninguém sabe direito o que é e, portanto, como alcançar. Queremos sempre o sucesso dos outros – a fama do Neymar, o dinheiro do Richard Branson, a família do Brad Pitt. Só que não funciona assim. Sucesso é estar feliz com suas escolhas. Não com as escolhas dos outros.

O Braga nem sabe disso, mas eu acompanho ele meio de longe. Nos quadrinhos; na Shoot The Shit; quando a cara dele virou lambe-lambe espalhado pela cidade; quando rolou o problema de saúde dele; pela newsletter. É uma espécie de ícone deboísta, sempre com uma risada esparramada no meio da cara de maluco. As escolhas que o Braga tomou transformaram o rapaz em uma espécie de herói: o profissional criativo que consegue, de alguma forma, pagar as contas sendo feliz. Isso é sucesso.

"Sucesso é viajar o mundo!", e aí vem o Braga e nos explica que isso pode ser só uma fantasia. "Sucesso é dinheiro", e aí vem o Braga e diz que nossos projetos paralelos não devem ter a grana como principal motivação. "Sucesso é pedir demissão", e aí vem o Braga e diz: "CALMA, PORRA!". O Braga fez um pequeno manual para o sucesso pessoal, mas não colocou esse nome no livro porque soaria como um daqueles manuais pra enganar otários. E essa não é a do Braga.

Projetos paralelos são uma saída de emergência. Em caso de despressurização da aeronave, fique atento às instruções do Braga. Mesmo que seja um passageiro frequente. Mesmo que ache que o Braga tem uma cara muito doida pra conseguir explicar qualquer coisa. Coloque a máscara de oxigênio primeiro em você, depois nas crianças. Obrigado por escolher a Braga Airlines.

E tenha um ótimo voo.

Marcos Piangers

ESTE LIVRO NÃO É

PARA SER LIDO.

"NÃO BASTA DIZER QUE VOCÊ TEM LIDO LIVROS. MOSTRE AO MUNDO QUE ATRAVÉS DELES VOCÊ APRENDEU A PENSAR MELHOR, A SER UMA PESSOA MAIS SENSATA E REFLEXIVA. LIVROS SÃO PESOS DE TREINAMENTO PARA A MENTE. ELES SÃO MUITO ÚTEIS, MAS SERIA UM GRAVE ERRO SUPOR QUE UMA PESSOA TEM FEITO PROGRESSOS SIMPLESMENTE POR TER INTERNALIZADO SEUS CONTEÚDOS. "

Epicteto

LIVROS COMO ESTE QUE ESTÁ EM SUAS MÃOS TÊM O OBJETIVO DE SER CATALISADORES.

Trazem um conteúdo que demanda ação posterior.

Não quero que você apenas leia e siga sua vida da mesma forma. Se você chegou até aqui é porque algo lhe incomoda. E se minhas ideias fizerem sentido para o que procura, então realmente espero que, a partir desta leitura, você encontre tempo onde acha que não tem e, a partir dele, um projeto novo surja ou que você utilize o conhecimento contido aqui para aperfeiçoar aquilo que já faz.

É preciso ir além da leitura. Não espere que estas palavras sejam inconscientemente incorporadas e que estejam 100% disponíveis amanhã para serem usadas pelo seu cérebro. Encontre um método para manter o conhecimento vivo em sua mente, para poder usá-lo no futuro.

Se você já tem seu processo definido, beleza, vá em frente. Se não tem, crie um. Sublinhe, pinte, marque, passe para um caderno. Leia no dia seguinte. Escreva aquilo que acha interessante em post-its. Pendure no seu mural. Na geladeira. No espelho. Será muito mais fácil colocar o conteúdo em prática se você tiver acesso a ele por mais tempo.

Este livro não é para ser apenas lido. É para ser usado.

Faça um bom uso.

"No minuto em que você passa a compreender que pode dar uma cutucada na vida e que realmente alguma coisa pode surgir do outro lado, que você pode mudá-la, você será capaz de moldá-la.
Isso talvez seja o mais importante.
É dar uma sacudida na ideia errada de que a vida está ali e você vai apenas viver nela, em vez de abraçá-la, mudá-la, melhorá-la, deixar sua marca.
Depois de ter aprendido isso, você nunca mais será o mesmo".

Steve Jobs

SUMÁRIO

Se você pudesse dar um recado para o seu "Eu Do Passado", qual seria? **15**

A arte de se conhecer **18**

A arte de arranjar tempo **34**

Onde paixão e tempo encontram resultado **50**

Por que começar um projeto paralelo? **58**

A arte de dar vida **80**

A arte de pegar fogo **106**

Agradecimentos **111**

SE VOCÊ PUDESSE
DAR UM RECADO
PARA O SEU
"EU DO PASSADO",
QUAL
SERIA?

ENCONTRE TEMPO LIVRE ONDE VOCÊ ACHA QUE NÃO TEM. MAS NÃO PARA DESCANSAR. PARA ENCONTRAR SEU PROPÓSITO E EMPREENDER. COMECE UM PROJETO PARALELO. **AGORA.**

Esse seria o meu recado. Simples, mas com grande potencial. E felizmente alguém me deu esse recado anos atrás. Não foi alguém em específico, tampouco o meu "eu do futuro". Foram diversas pessoas. Pessoas que eram proativas e empreendedoras em suas vidas e, indiretamente, me passaram esse recado. Faça suas coisas. Crie seus projetos. Tire suas ideias da gaveta.

Muito motivado por esses exemplos, eu comecei a agir por mim mesmo, utilizando meu tempo livre para colocar meus projetos em prática sem ter muita certeza de onde isso ia dar. Iniciei uma webcomic, comecei um blog para disseminar vídeos do TED, tirei do papel ideias de intervenções urbanas através de um coletivo criativo, fiquei um ano desenhando em uma parede, escrevi dois livros, fiz uma história em quadrinhos no Instagram, lancei meu próprio curso para o mundo. E deu no que deu: anos de muito aprendizado e experiências maravilhosas que eu pretendo compartilhar aqui.

Eu entendi o recado, não vou precisar voltar no tempo para me dizer isso. Mas talvez você não tenha ouvido isso ainda, ou talvez não tenha entendido essa mensagem pelas entrelinhas das vidas de outras pessoas. Foi pra você que escrevi este livro.

Encontre tempo livre e descubra o poder que ele tem para sua felicidade. Comece projetos paralelos. Agora.

Esse é o meu recado.

A ARTE DE SE

CONHECER

SE DINHEIRO NÃO FOSSE UM OBJETIVO, O QUE VOCÊ FARIA COM A SUA VIDA?

Se você pegou este livro, é porque algo o incomoda. Seja na vida pessoal, seja no trabalho em que você está, seja na sua carreira como um todo, seja no futuro que você enxerga, algo está faltando.

Grande parte das pessoas que hoje está infeliz no trabalho está assim porque não se sente "encaixada". Ou seja, não faz aquilo que gosta. Ou até gosta do que faz, mas na verdade gostaria de estar fazendo outra coisa.

Se nosso trabalho está um saco, a gente tem que fazer alguma coisa. Se não estamos dando vazão para nossa criatividade, precisamos fazer alguma coisa.

Nós somos responsáveis pela vida que levamos. Não somos mais crianças, logo não somos obrigados a nada. Se estamos fazendo algo de que não gostamos, é porque decidimos isso em sã consciência, – mesmo que tenha sido por necessidade.

É hora de agir. Se estamos em busca de uma vida com mais significado, criatividade, diversão, paixão e propósito, precisamos agir. É hora de pegar o nosso tempo livre, o único tempo disponível, e fazer com ele algo que nos seja útil.

Mas é bom saber como. Saber para onde se quer ir, qual caminho tomar. E para isso precisamos nos conhecer.

> ## Quando alguém falar que amaria fazer algo, é mentira. Se amasse, estaria fazendo.
> ### Ken Robinson

Uma pessoa que advoga, mas adoraria estar cozinhando. Outra que gerencia uma equipe de vendas, quando na verdade gostaria de estar gerenciando seu próprio bar de rock. Um contador que só pensa em ser fotógrafo. Esses são exemplos de pessoas que sabem o que querem, mas necessitam de um empurrãozinho para que isso aconteça. Você pode encontrá-las em praticamente qualquer situação social sem muito esforço.

Outros exemplos fáceis de descobrir são aquelas pessoas que não fazem a mínima ideia do que gostariam de fazer com sua vida, caso tivessem a possibilidade de escolher.

Nos cursos do *Projetos Paralelos*, dos quais eu sou o facilitador, a primeira pergunta que sempre faço para qualquer aluno é: "em que você gostaria de trabalhar?".

Em 100% das vezes, os alunos já sabem. Eles têm na ponta da língua aquilo que adoram fazer e as coisas para as quais gostariam de dedicar mais tempo. Entretanto, isso é meio óbvio, já que quem faz o curso geralmente são pessoas que perceberam que só o trabalho corporativo não traz todas as respostas da vida e querem começar projetos paralelos para dar vazão a suas paixões.

Fora do curso, a realidade é outra. É comum para muitas pessoas apenas viver em um modo automático, no qual acabamos fazendo o que todos fazem sem nunca realmente pararmos para ver se aquilo nos deixa realmente felizes.

> *Sinto que estou no piloto automático todos os dias. Eu vou trabalhar, vou para casa, escuto algumas músicas, fumo meu cigarro e vou dormir. E esse é um cenário assustador para se estar. Porque eu tenho sonhos.*

Alguém do Humans of New York

A sociedade é muito boa em nos transformar em consumistas conformados. Vamos a festas nas quais todos vão, usamos roupas que todos usam e compramos objetos porque todos compram. Vamos seguindo a onda sem nos perguntar se aquilo faz sentido. Se todos à nossa volta acreditam que sonhos servem apenas para a imaginação, então pode ser que a gente pense como eles.

O número de pessoas que abandonam paixões por causa de um emprego que lhes dá sustento ou por falta de tempo é bem alto. Infelizmente, ir em busca de algo que satisfaça financeiramente e pessoalmente é tido como utopia perante a sociedade, o que desencoraja muita gente de ir atrás de seus verdadeiros sonhos.

Quem não conhece alguém que tinha diversos sonhos quando criança, mas, com o tempo, se acomodou em um trabalho financeiramente mais seguro e deixou de buscar sua antiga vontade?

Tem gente que ainda consegue manter essa chama viva tratando seu antigo sonho como hobby, seja tocando em uma banda ou fotografando paisagens aos finais de semana. Outros simplesmente desistem, acreditando que não há espaço para utopias no mundo competitivo de hoje.

Eu tinha o sonho de ser cartunista desde que me conheço por gente. A página das tirinhas era por onde eu começava a ler o jornal. Amava lê-las e achava que tinha talento para a coisa. Por ser uma profissão meio fora do padrão, acabei desistindo dela e abdicando do meu sonho em prol de uma carreira na publicidade.

Anos depois, mais precisamente em 2009, comecei meu próprio site de tirinhas, o Braga Comics. Mesmo sem nunca ter tirado sustento dele, me arrependo até hoje de ter "abandonado" esse sonho tão cedo. Eu realmente gosto de fazer tirinhas e, se não tivesse desistido na infância, eu estaria fazendo isso há mais tempo, sendo feliz há mais tempo (e talvez já mundialmente famoso).

O meu conselho para quem ainda não sabe o que fazer com seu tempo livre é buscar na infância e na adolescência aquelas atividades que davam mais prazer. Ou tentar lembrar as respostas que você dava quando alguém perguntava "o que você quer ser quando crescer?".

Por sermos jovens e ingênuos, pensávamos em coisas que nem as pessoas à nossa volta, tampouco o mercado de trabalho, levavam a sério. Mas, se a gente gostava ou sonhava, era porque tinha algo ali. Era honesto. Quem quer ser astronauta é porque adora o céu.

E, se você gostava com aquela idade, é provável que ainda goste hoje.

> As pessoas não decidem seu futuro, elas decidem seus hábitos, e seus hábitos decidem seu futuro.
> **F.M. Alexander**

GRID DOS SETÊNIOS

Use a tabela para fazer uma busca por acontecimentos, pessoas e talentos marcantes ao longo da sua vida. A divisão em setênios é baseada na crença (de várias culturas) de que, a cada sete anos, começamos um novo ciclo de vida. Exercícios assim são bons para relembrá-lo de vontades antigas ou talentos esquecidos.

	ACONTECIMENTOS QUE MARCARAM MUITO A SUA VIDA
0 A 7 ANOS	
7 A 14	
14 A 21	
21 A 28	
28 A 35	
35 A 42	

PESSOAS QUE SIGNIFICARAM MUITO EM SUA VIDA	TALENTOS QUE FORAM RECONHECIDOS E DESENVOLVIDOS

Se a busca pelas respostas que você dava quando criança não funcionou – ou se hoje você é muito diferente de quando era criança – calma, ainda há esperança.

Todos somos empreendedores, mas muitos de nós ainda não tiveram a oportunidade de descobrir.

Muhammad Yunus

Realizar um sonho de vida também pode ser o combustível para começar um projeto paralelo. Você sabe qual é seu sonho? Você já respondeu a essa pergunta alguma vez de maneira 100% honesta?

Para começar a respondê-la, deve-se saber que existe uma resposta que não é aceita (por mim): viajar o mundo.

Esse sonho é muito padrão, um clichê. Todas as pessoas que conheço sonham em viajar o mundo, inclusive eu. A diferença é que a maioria delas confunde sonho com fantasia num exemplo como esse.

Para Gabriel Gomes, meu sócio na Shoot The Shit, fantasia significa fugir da realidade. É imaginar uma situação que não se conecta em nada com aquilo que você faz no seu dia a dia. Ser um rockstar, ter uma ilha particular, pisar em Marte, ser atacante do Barcelona. Você não faz nada para que isso aconteça, mas fica alegre só de pensar em realizar.

Já sobre sonhos, ele diz: "Sonho é próximo, você trabalha para isso, é provável, é necessário". Ou seja, sonho é algo que você quer realizar e pelo qual está fazendo algo.

Então, antes de responder essa pergunta com "viajar o mundo", pense: você faz algo para que isso aconteça?

Se sim, então o autorizo a usar essa resposta. Se não, procure outra.

Busque respostas honestas que realmente conversem com aquilo que você deseja em sua vida, e, se por acaso não encontrar nada, pense em um projeto paralelo para descobrir isso.

Se você não sabe o que fazer, faça qualquer coisa.
Daniel Larusso

O que você gosta de fazer? Existe alguma coisa que gostaria de aprender? Ou de ensinar? Algum problema no mundo ou na sua vida que lhe chama a atenção a ponto de fazer algo para solucioná-lo?

A meu ver, essas são perguntas que valem a pena ser respondidas caso a gente ainda não tenha encontrado aquilo com o que trabalhar num projeto paralelo.

QUAIS SEUS GOSTOS PESSOAIS?

Liste todos os seus gostos pessoais atuais e disponha-os em círculos, como no exemplo. A área central, ou seja, a intersecção de todos os círculos (gostos), fala muito sobre quem você é. Busque projetos que satisfaçam um ou mais desses círculos. Combine-os e veja o que pode sair desse resultado.

*Peguei essa dinâmica da aula Expressing Yourself With Personal Passion Projects, curso do ilustrador americano Kevin Lyons para o Skillshare.

Talvez você seja apaixonado por cifras de música ou goste de discutir jogos de videogame com seus amigos. Escrever é um hobby comum de muitas pessoas, assim como cozinhar. Ajudar quem precisa, ensinar quem não sabe, aprender coisas novas, consertar as antigas. Chamar a atenção para algum problema, tentar solucionar algum outro. Cachorros, gatos, futebol, corrida, canto, pinturas, design, desenho.

A possibilidade de assuntos que você pode trabalhar é infinita.

Jessica Hische e Russ Maschmeyer, dois designers americanos, queriam ensinar programação de uma maneira descontraída e fácil, e o resultado disso foi o site Don't Fear the Internet. Outros dois designers americanos, Jessica Walsh e Timothy Goodman, estavam cansados de desilusões amorosas e por isso começaram o 40 Days Of Dating, um projeto no qual eles, amigos de longa data, decidiram ser um casal por 40 dias.

Matthew Hoffman sentia-se solitário logo que chegou em Chicago, em 2002, vindo de uma cidade do interior. Na vontade de criar uma mensagem calma e simples em meio ao caos da cidade grande, ele imprimiu 100 adesivos com a mensagem "You are beautiful" (algo como "você é incrível" em português) e saiu colando pelas ruas. Desde então, mais de 3 milhões de adesivos já foram vendidos, e sua mensagem inspiradora chegou em todos os continentes do planeta, incluindo a Antártida.

Insaciável em sua busca por começar conversas entre pessoas, Caio Andrade, Diretor de Criação da Hyper Island na América Latina, está constantemente inventando projetos paralelos simples, de baixo custo, mas com alto poder de impacto. Ele já fez um site para fazer amigos montando móveis da Ikea na Suécia, espalhou pelo mundo adesivos com a frase "Not Available On The App Store" para convidar as pessoas a refletir sobre a nossa relação com a tecnologia, criou praias em plena São Paulo usando placas de sinalização e disseminou lições de vida com o projeto Life Spoiler.

Minha amiga e minha ídola na arte de como viver a vida, Mariana Camardelli, na falta de encontrar no Brasil um mestrado que satisfizesse seu interesse por Design de Experiências, listou cursos e eventos sobre o assunto mundo afora e foi atrás de todos eles. Um projeto paralelo/mestrado alternativo que eu respeito. Ela ainda criou o Correio Cósmico, um "serviço de entregas do universo", onde ela envia 100 cartas para 100 pessoas inspirarem-se a pedir para o Universo o que elas desejam na vida.

Lá por 2011, eu e uma outra amiga, Gabriela Guerra, Diretora da ThoughtWorks no Brasil, queríamos ver mais vídeos do TED por acreditar que eles eram uma boa fonte de conhecimento e queríamos compartilhar com outras pessoas aquilo que a gente aprendia. Assim nasceu o One Ted a Day, um blog onde todos os dias a gente postava uma palestra com um comentário nosso sobre seu conteúdo.

María Sanoja, designer dominicana, queria uma vida com menos *overthinking* (pensamento em excesso, traduzindo para o português de forma bem objetiva). Cansada de se perceber constantemente pensando muito sobre tudo, e interessada numa mente mais consciente do momento presente, ela criou o 100 Days Of Overthinking, um site onde ela postou, por 100 dias, coisas que ela percebia e que antes passavam batidas por causa da quantidade de pensamentos que a cegavam da vida ao redor. Ao invés de ficar absorvida em seus constantes pensamentos e perder pequenos detalhes do dia a dia, esse exercício a forçou a viver melhor o momento, consequentemente levando a uma vida mais feliz.

A designer Tina Roth Eisenberg odiava o quão feias eram as tatuagens temporárias para crianças e criou a Tattly como solução. Ela também achava que faltavam momentos para a comunidade criativa de Nova York se encontrar, e em resposta a isso tirou do papel o Creative Mornings, uma série de palestras durante o café da manhã que hoje já existe em mais de 150 cidades pelo mundo.

Ji Lee, Diretor de Criação do Facebook e entusiasta de projetos pessoais, queria protestar contra a quantidade de publicidade presente nas ruas de Nova York e, por isso, criou o Bubble Project, no qual colava balões de fala em cima dos anúncios esperando que as pessoas interagissem e ressignificassem as peças.

O seu tempo livre pode servir para praticamente tudo. É sério.

Não importa que tipo de insatisfação incomode você, é bem possível que um projeto paralelo possa ajudar. Não é apenas sobre abrir uma empresa. É sobre fazer algo que traga para a sua vida algum benefício. É sobre uma vida mais plena, completa.

Interessante, não? Mesmo assim, você ainda tem um trabalho para comparecer. Tem amigos para visitar, banhos para tomar, refeições a fazer, roupas para lavar, notícias para se informar, jogos para jogar, festas para ir, domingos para descansar, praias para curtir, compras para fazer.

Você quer mudar sua vida, mas não tem tempo. Bobagem. Todo mundo tem tempo.

Confie em mim.

A ARTE DE

ARRANJAR TEMPO

"ONDE VOCÊ ARRANJA TEMPO PARA COMER TRÊS REFEIÇÕES POR DIA? COMO VOCÊ FAZ PARA DORMIR TUDO QUE PRECISA? COMO VOCÊ CONSEGUE PASSAR TODAS ESSAS HORAS COM SEUS FILHOS OU ESPOSA OU NAMORADA OU NAMORADO? VOCÊ NÃO RECEBE ESSE TEMPO DE NENHUM LUGAR, RECEBE? VOCÊ SIMPLESMENTE FAZ ISSO PORQUE É IMPORTANTE. É UMA PARTE NÃO NEGOCIÁVEL DA SUA VIDA."

Ryan Holiday

O MUNDO HOJE É UMA CORRERIA.

As pessoas estão cada vez mais atarefadas e, mesmo assim, têm dificuldade de rejeitar convites para outros eventos. E nem as culpo, tem muita coisa interessante acontecendo hoje em dia, a ponto de, às vezes, sentirmos que estamos perdendo algo bacana quando decidimos ficar em casa descansando.

O problema é que a duração do dia é (e sempre será) a mesma, restando a nós fazer o melhor possível dentro dessas 24 horas.

Tem gente que levanta mais cedo que todo mundo para fazer algo como academia ou ioga. Estamos trabalhando ao mesmo tempo em que conversamos com amigos pelo WhatsApp ou compramos algo online. Saímos do trabalho e vamos assistir a uma palestra, jogar futebol, beber cerveja num bar. Chegamos em casa e um novo episódio de Game of Thrones está disponível. O Pinterest parece interessante para se perder alguns bons minutos. Dormir, conversar com a família, jogar War.

Tudo parece uma boa ideia. Tudo custa tempo.

Mas, se estamos atrás de uma vida mais significativa, precisamos saber usar o tempo a nosso favor.

Se você já tem tempo livre, ótimo. Segure-o, não o deixe fugir.

Já se você é daqueles que dizem "eu não tenho tempo", então é hora de criar condições para que ele surja. Um dos segredos para se arranjar tempo livre é se proporcionar momentos de tédio. E tédio surge quando desligamos todas as prováveis distrações existentes em nossa volta.

Quando não temos, no nosso tempo livre, muitas opções de entretenimento para usufruir, obrigamos nossa mente a trabalhar, a achar uma solução para esse vazio ocupacional. Às vezes é tendo ideias, questionando nossa vida e nossas escolhas, outras vezes é nos lembrando de acabar aquela apresentação do nosso projeto paralelo que está há dias sem ser tocada.

Entediar-se é se livrar de desculpas para não ter uma vida mais proativa. Seguem algumas dicas de como fazer isso.

Pare de ver TV

Segundo o escritor americano Clay Shirky, depois da Segunda Guerra Mundial, quando o mundo se aquietou e começou a se reorganizar após momentos difíceis, houve um aumento na quantidade de tempo livre disponível na sociedade. Novas tecnologias nos permitiam realizar tarefas simples mais rapidamente (forno de micro-ondas, por exemplo), trazendo como consequência maior conforto e tempo livre.

E como gastamos esse tempo livre que caiu no nosso colo? Segundo Shirky, vendo televisão. Depois do surgimento da TV, as pessoas começaram cada vez mais a se isolar em casa, na frente dela, em vez de socializar em clubes ou pubs. E eu nem culpo essas pessoas, devia ser muito irado ter uma TV (as coisas se mexiam!), mas acredito que a humanidade perdeu muita energia na frente da telinha. Muita gente criativa pode ter gastado tempo demais vendo novelas em vez de criar coisas ou simplesmente socializar e discutir assuntos interessantes.

A TV é uma mídia passiva, que suga seu tempo e dá muito pouco em troca (conhecimento e cultura, em alguns casos). Isso porque, para conseguir assistir de forma eficiente, você deve prestar atenção o tempo todo, estando impedido de fazer outras coisas simultaneamente.

Se o programa que você está vendo não acrescenta nada em sua vida, você está jogando tempo fora.

A internet, pelo contrário, é uma mídia ativa. Estar navegando nela lhe permite ser, além de consumidor, produtor. Escrever num blog, postar um vídeo, votar em alguma enquete. Estamos sempre interagindo com ela, participando de sua construção. Criando e aprendendo com isso. *Learning by doing.*

E esse é um dos motivos do surgimento de milhões de projetos legais mundo afora e que aparecem diariamente na nossa timeline. As pessoas agora estão usando mais do seu tempo na internet e criando suas próprias coisas, em vez de só ficar vendo TV.

"Braga, isso inclui parar de ver as séries do Netflix?". Sim. Netflix também é TV.

Eu sei que existem muitas séries boas disponíveis, mas a verdade é que séries sugam muito do nosso tempo. Cada vez melhores e mais bem-produzidas, elas estão ficando ótimas em nos manter imersos, consumindo-as sem ter noção das horas que passam. Ainda mais quando não precisamos nem apertar um botão para ver o próximo episódio. Basta esperar 15 segundos, e estamos "presos" por mais meia hora ou mais.

Amo séries. Vejo várias. Mas uma por vez. E não saio vendo qualquer uma que surge só porque todo mundo está vendo. Tenho esperado as séries chegarem a seu fim para começar. Assim não embarco numa série que é cancelada na segunda temporada, ou não perco tempo vendo uma série que muda de rumo e fica ruim na metade, como já aconteceu várias vezes.

Quanto menos séries nós vemos, não só estamos criando mais tempo livre, mas também estamos dando mais valor para cada história que decidimos acompanhar. Séries existem para serem apreciadas, não consumidas.

Faça o teste de ficar um mês sem ver TV e veja a mágica acontecer. Os dias ficam mais longos e o tempo vira matéria-prima abundante mesmo para aqueles que reclamam que suas vidas são muito ocupadas.

Corte seus feeds pela metade

Assim como a TV, seguir blogs é legal, dá para ver muita coisa nova, conhecer referências e acompanhar novas tendências. Entretanto, a maioria dos posts dos blogs que a gente segue não nos interessa diretamente ou é apenas replicação de um conteúdo já visto em outro lugar.

Corte seus feeds pela metade. Pratique o desapego e fique fiel apenas àqueles blogs realmente fora da curva, àqueles que realmente adicionam algo de relevante à sua vida a cada post. Blog bom é aquele que o deixa triste quando você entra e vê que eles não postaram nada nos últimos dias. Todos os outros são descartáveis.

Não fique com medo de perder histórias importantes. Deixe que seus amigos tragam elas até você. Nunca percebeu que tudo de importante que acontece no mundo uma hora ou outra aparece na timeline do Facebook através de algum deles?

Se não aparecem, é porque você precisa de novos amigos.

Corte de novo

Se a gente focar muito nas referências, acaba se esquecendo de criar. Desapegue geral. A vida é muito curta para ficar lendo blogs todos os dias.

Pare de seguir pessoas

Quanto maior o número de seguidores, talvez maior seja o tempo que você gaste nas redes sociais, como o Instagram, por exemplo.

Entramos no aplicativo para ver umas fotinhos apenas, e quando menos percebemos, 15 minutos se passaram. Parar de seguir pessoas é basicamente diminuir o tamanho do nosso feed, assim chegamos ao final dele de forma mais rápida e podemos voltar a ficar entediados. Ou seja, acabar aquele texto para um blog que vamos começar ou buscar referências para nossa marca de camisetas.

Você pode até mandar uma mensagem para as pessoas: "Estou parando de seguir você porque estou numa jornada para ter mais tempo para mim. Espero que não se incomode, beijos (e aqui um emoji queridinho"). Depois, quando seu projeto estiver de pé e sua vida organizada em volta desse tempo a mais, você pode voltar a seguir todo mundo.

Acha extremo? A próxima dica vai além.

Deixe seu celular longe

Vamos admitir, é muito bom quando um som de mensagem sai do celular, ou quando o ícone do Instagram aparece na barra de notificações, né? Acredito que todo mundo goste desses estímulos.

O problema é que sons e notificações, por ser algo que gostamos de receber, fazem com que nosso cérebro se condicione a estar sempre buscando por mais. Ou seja, estamos constantemente checando o celular ou o e-mail em busca de alguma novidade. Cada nova mensagem é uma recompensa para o cérebro, logo, vamos checar nossas caixas de entrada sempre que pudermos, pois cada vez que olharmos será uma nova chance de ganhar uma recompensa.

Na década de 30, B. F. Skinner, um psicólogo e inventor americano, queria entender melhor o comportamento dos animais. Para isso, ele criou a Skinner Box, uma caixa dentro da qual um rato era alimentado através de uma alavanca. Quando o rato pressionava a alavanca, a comida caía de um orifício na caixa. Primeiro Skinner projetou a alavanca para a comida aparecer num número determinado de pressões que o ratinho fazia à alavanca. Após apertar 20 vezes, a comida era liberada. Assim o rato aprendeu, apertando 20 vezes a alavanca quando queria matar sua fome.

Depois disso, Skinner foi além e programou a caixa para liberar comida de forma aleatória. Ou seja, a comida poderia cair do orifício na segunda vez que o rato apertasse a alavanca, ou poderia cair na 34ª vez.

Surpreendentemente, os ratos testados se mostravam mais motivados quando o sistema era aleatório, e não quando era previsível. Os ratos continuavam a pressionar a alavanca, na esperança de que o próximo aperto significaria comida.

Essa é a lógica por trás dos caça-níqueis. Você não sabe quando pode tirar a sorte grande, então continua jogando.

Uma lógica que serve também para os nossos *smartphones*. Nós os checamos constantemente em busca de uma nova mensagem da pessoa que a gente gosta, um novo seguidor, um comentário numa foto. Uma recompensa que nos faça feliz. E como elas aparecem de forma aleatória, continuamos nossa busca. Pode ser na próxima checada, pode não ser.

A partir do momento em que a gente deixa o celular longe, ou no silencioso, estamos dando um motivo a mais para não pegar o celular no meio de um almoço, uma conversa ou durante um filme.

Assim como máquinas num cassino, os celulares têm uma capacidade incrível de nos fazer perder a noção do tempo. Quantas vezes você já não pegou o seu para olhar uma única notificação ou responder uma única mensagem e, quando percebeu, estava no YouTube vendo um vídeo sobre como fazer sua planta continuar recebendo água quando você vai viajar?

Ok, talvez esse exemplo seja muito específico. Mas aposto que você se identificou. Deixe o celular distante e ganhe tempo para você.

Quer uma ajuda para parar de ficar checando seu *smartphone*? Desative sons e notificações de todos os aplicativos.

Quer mais ajuda ainda? Veja a próxima dica.

Delete o Facebook, Instagram, Snapchat e todos os jogos do seu celular

Talvez essa seja a mais difícil tarefa a ser realizada no maravilhoso caminho em busca do tédio.

Geralmente pegamos o celular quando temos qualquer brecha de tempo no nosso dia: esperando uma carona, na fila do banco, no ônibus, antes de dormir. O ser humano odeia ficar sem fazer nada, e o celular é uma ótima solução para isso.

O problema é que, quando estamos sem fazer nada, ou seja, quando não precisamos pensar para fazer algo – esperar na fila do banco não exige esforço mental algum –, nosso cérebro fica livre para agir ao seu bel-prazer. E "livre para agir" significa fazer conexões, criar ideias, ter insights.

É por isso que costumamos ter ideias no banho ou lavando louça. Pois são tarefas que realizamos automaticamente, liberando o cérebro de qualquer responsabilidade. Deixando-o livre para imaginar.

Não ter redes sociais ou jogos no celular é um convite para o cérebro trabalhar por conta própria. Se estamos na fila do banco e sabemos que não temos jogos para jogar, automaticamente aceitamos a situação e ficamos sem fazer nada. É aí que o cérebro entra em ação e pode nos brindar com insights que jamais chegariam se ele estivesse ocupado descobrindo como matar porcos ou fazer combinações de doces.

E, para um projeto paralelo, qualquer tempo livre que o ajude a ter ideias é como se fosse um adiantamento de serviço. Nada me deixa mais feliz do que ter uma ideia de tirinha no banho ou em alguma atividade banal do dia a dia. Significa que não precisarei separar tempo para ter ideias, podendo pular direto para o desenho.

Você não faria isso de jeito nenhum? Então tente pelo menos apagar o atalho dos aplicativos, tirá-los da área de trabalho. Dificulte o acesso e você os usará menos. Mais simples, né? Assim você ainda pode usufruir deles, mas de uma forma mais saudável. E sem tanto FOMO ("fear of missing out", o famoso "medo de ficar por fora").

Obviamente essas dicas não são definitivas, e você não precisa segui-las à risca para ter mais tempo livre. São apenas sugestões que podem ajudar e que, quando fiz, funcionaram. Você pode adotá-las por um período determinado de tempo, como um exercício que lhe trará mais foco e tempo enquanto você está fazendo alguma mudança em sua vida. Assim que as dicas cumprirem seu papel, você pode descartá-las.

Televisão, celulares, blogs e jogos são ferramentas sensacionais. Só que elas precisam trabalhar a nosso favor.

Não é sobre tempo, é sobre escolhas. Como você está gastando suas escolhas?
Beverly Adamo

Seguindo apenas essas dicas já é possível liberar uma boa quantidade de tempo dentro da sua rotina. Por mais que jogos, TV e navegar pela internet sejam passatempos legais de se ter, tempo é um luxo que não podemos desperdiçar em qualquer atividade, pois ele não volta.

Fabio Lopez, designer carioca, costuma chamar tempo livre de "tempo nobre". Para ele, o fato de esses momentos do dia serem raros, curtos e exclusivos os classifica como algo muito mais importante que apenas tempo livre. E, já que eles são tão escassos assim, devemos tratá-los com carinho e usá-los com sabedoria em busca de um crescimento pessoal e profissional.

Não é à toa que, nos últimos anos, Fabio vem botando em prática essa visão ao lançar diversos projetos paralelos através daquilo que ele conhece bem: design. Em 2007, ele fez uma releitura do jogo War na qual o cenário é o Rio de Janeiro – o War In Rio –, uma reflexão sobre a violência da cidade. Além disso, ele já redesenhou o brasão da república brasileira e criou o Bando Imobiliário, outra releitura de jogos de tabuleiro com o objetivo de fazer uma crítica social.

Faça das horas vagas um tempo nobre, dedicado ao exercício de questões pessoais e boas ideias.
Fabio Lopez

Segundo alguns cientistas, nosso cérebro tem a capacidade de processar 100 bits de informação por segundo. Quando mais de 100 bits nos atingem de uma vez só, nosso cérebro fica perdido. É por isso que não conseguimos prestar atenção em três conversas ao mesmo tempo.

Fazendo um cálculo para a vida toda, considerando uma pessoa que viva até os 80 anos e durma 8 horas por dia, chegamos ao número de 150 bilhões de bits de informação consumidos pelo seu cérebro.

Olhando apenas para os 150 bilhões, podemos pensar que é uma infinidade, um número inalcançável. Não é. É um número que, a cada segundo, diminui 100 unidades. Cada segundo de sua vida importa, tem o mesmo peso. E só existe uma possibilidade de vivenciá-lo. Saber como gastá-lo é saber apreciar a vida.

Investir esses bits apenas na TV ou em jogos de celular pode ser uma diversão momentânea. Mas, dentro dos 150 bilhões, eles terão valido algo?

Zapear inconscientemente pelos canais da TV depois do trabalho e fazer um brainstorming para um novo empreendimento criativo exigem aproximadamente o mesmo número de bits do seu cérebro. Qual é o mais significativo para você?
Sam Spurlin

Você quer mudar de vida. Quer fazer aquilo que pode lhe trazer realização. Agora é colocar você como prioridade. Assim como sua saúde, ou seus relacionamentos, colocar sua realização pessoal como prioridade na sua vida o fará agir de forma mais incisiva em busca de plenitude.

E você viu que *tem* tempo para isso. Qual o próximo passo? Descansar nesse tempo livre? Óbvio que não, pelo contrário.

Agora é hora de agir.

A questão é se divertir. E se é divertido, sempre vou encontrar tempo para isso.
Ji lee

LIBERE ESPAÇO PARA O QUE IMPORTA

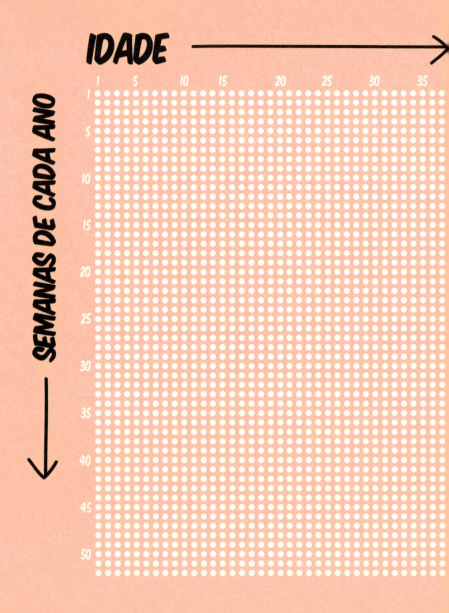

Essa é a sua vida dividida em semanas. Pinte as bolinhas que já foram vividas e observe quantas ainda faltam pela frente. Olhando dessa forma, não parece muita coisa, né? Agora esqueça as bolinhas preenchidas do passado e pense: o que você vai fazer com aquelas que ainda estão vazias?

*Encontrei esse calendário em um belo blog chamado Wait But Why.

ONDE ~
PAIXÃO
E TEMPO

ENCONTRAM RESULTADO.

PROJETOS PARALELOS PODEM SER DEFINIDOS COMO AQUELE TRABALHO EMPOLGANTE QUE REALIZAMOS FORA DO NOSSO EMPREGO COTIDIANO, QUANDO USAMOS NOSSO TEMPO LIVRE PARA IR ATRÁS DE UM OBJETIVO.

Para quem estava se perguntando "tá, mas o que é um projeto paralelo, afinal?", tá aí a resposta.

Essa definição é totalmente minha, por sinal. Não existe — ou pelo menos ainda não encontrei —, uma definitiva para projetos paralelos que seja largamente usada. Tem gente até que os chama de Projetos Pessoais ou Projetos de Ramificação, o que não tem nada de errado. Mas, mesmo com muitas diferenças no modo como cada um enxerga, chama ou define um projeto paralelo, todas as definições que encontrei têm algo em comum: tempo livre, paixão e resultado.

Todos nós concordamos que "tempo livre" é meio óbvio de ser sempre citado, né? Um projeto feito durante a hora de trabalho costuma ser chamado de emprego, tem oito horas de duração e geralmente vem acompanhado de um salário. Já um projeto paralelo é aquilo que fazemos depois do trabalho (ou antes, para aqueles seres que, inexplicavelmente, gostam de acordar muito cedo), quando estamos com tempo livre.

A "paixão" também é algo óbvio de ser mencionado como característica de um projeto paralelo.

Se vamos usar nosso tempo livre para alguma outra coisa que não seja uma necessidade básica ou uma tarefa doméstica, provavelmente vamos fazer algo de que a gente goste. Não conheço pessoas que saem do seu trabalho e ficam presas no trânsito só por prazer, ou ficam em filas de bancos sem motivo algum.

Geralmente usamos nosso tempo livre para fazer algo que nos dá satisfação. Ver um seriado, jogar sinuca, beber uma cerveja com os amigos. Projetos paralelos entram nessa mesma categoria. Já que vamos usar nosso tempo livre para criar algo, vamos criar algo que nos faça sentir paixão, tesão, vontade.

Tudo isso que falei não diferencia um projeto paralelo de um hobby, por exemplo. Faz sentido. Hobbies também são a união de paixão e tempo livre em busca de prazer.

É aí que entra o resultado.

Um hobby (ou passatempo) não possui um objetivo final, um resultado esperado. São interesses de longa data nos quais você não vê um fim, como surfar, ver filmes ou jogar futebol. Eu jogo futebol toda semana com meus amigos e ninguém que joga comigo tem o objetivo de ser um jogador, ou fazer tantos gols num determinado período. Nós jogamos pela diversão de jogar. E provavelmente jogaremos enquanto tivermos saúde para isso.

Surfar e ver filmes também não possuem um final. Verei filmes para sempre e continuarei surfando enquanto meu corpo deixar. O ato de ver filmes, de surfar ou de jogar futebol é o fim em si. Gosto de fazer e pronto; farei enquanto for possível.

Já um projeto paralelo é o contrário. Ele possui um objetivo, um produto ou um resultado esperado. E, quando falo em objetivo final, não significa que algo precise estar construído fisicamente ao final do processo, como um aplicativo ou um carrinho de rolimã. Um resultado pode ser aprender uma nova língua, criar uma rede de pessoas interessadas num assunto específico (um blog, por exemplo) ou simplesmente terminar de ler livros que estavam juntando poeira.

Essa busca por um objetivo adiciona aos projetos paralelos algumas outras características que também os diferenciam de hobbies, como responsabilidades e frequência definida.

Enquanto jogar futebol com os amigos não exige muitas responsabilidades dos jogadores (chegar no horário e levar a roupa certa, no máximo), projetos paralelos precisam que tarefas sejam executadas para sair do papel.

Seja qual for o objetivo intrínseco ao projeto paralelo de cada um, existem barreiras a ser quebradas para alcançá-lo. Para construir um site, várias etapas são necessárias, desde pensar no domínio, criar um layout, programar, botar no ar. Uma *fanpage* que posta fotos de cachorrinhos para adoção precisa de postagens constantes, assim como uma forma de encontrar esses cachorros. Alguém que faz *cupcakes* para os amigos precisa comprar alimentos, cozinhar, distribuir.

Ou seja, projetos paralelos não são fáceis como hobbies, que trazem basicamente relaxamento e diversão. Eles trazem consigo responsabilidades necessárias para sua evolução.

Calma, não se apavore. Tem gente que escuta essa palavra — responsabilidade — e já se assusta. Se esse é o seu caso, aqui vai um segredo: projetos paralelos sabem que são paralelos. Logo, eles até têm responsabilidades, mas são responsabilidades com as quais é mais fácil lidar.

> ## Eles não precisam sustentar sua vida. Você ainda pode comer se eles falharem.
> # David Hieatt

Apenas o fato de um projeto paralelo não ser o responsável pelo seu ganha-pão já tira bastante peso do modo como você pode trabalhá-lo.

O que não significa que projetos paralelos sejam uma grande mamata e devam ser levados nas coxas. Não. O quanto você colocar de dedicação em cima deles é o quanto de evolução eles vão ter. Essa história de que você ainda poderá pagar as contas se o projeto não crescer é apenas para explicar que ele é mais maleável que o seu trabalho cotidiano, no qual você tem serviços a fazer e um chefe para cobrá-los.

Mesmo assim, um projeto paralelo precisa de muita dedicação, e é por isso que a frequência com que você bota a mão nele influencia bastante.

Sua vida profissional já ocupa oito horas (se não mais, dependendo da profissão), você precisa dormir (mais 7, 8 horas), e, obviamente, precisa tomar banho (sim, você precisa), almoçar, jantar, descansar, se locomover para algum lugar, etc. Isso dá mais ou menos 20 horas por dia, sobrando pouquíssimo tempo para um projeto pessoal.

O importante, então, é ter uma frequência definida para não deixá-lo morrer, sabendo determinar suas tarefas e responsabilidades para trabalhar com elas naquele período de tempo estipulado. É como aquele ditado: "De grão em grão, a galinha enche o papo". Uma horinha hoje, outra horinha amanhã. Pode parecer pouco tempo dedicado por dia, mas, ao final de um mês ou um ano, fará diferença.

"Ai, mas eu só tenho duas horas de tempo livre por dia! Por que eu iria usar esse tempo só para trabalhar mais e ter mais responsabilidades se eu posso ficar no meu sofá vendo um episódio de Friends pela 6ª vez?"

Boa pergunta.

POR QUE COMEÇAR UM

PROJETO PARALELO?

JÁ FALAMOS SOBRE SUA PRINCIPAL MOTIVAÇÃO, A BUSCA POR UMA VIDA MAIS INTERESSANTE E SIGNIFICATIVA. TAMBÉM JÁ FALAMOS SOBRE TEMPO E VIMOS QUE É POSSÍVEL ENCONTRAR MAIS HORAS DISPONÍVEIS NA SUA ROTINA.

Mas, caso você ainda não enxergue valor em usar seu tempo livre para arranjar mais compromissos, responsabilidades e trabalho sem a certeza de que isso vai pelo menos se pagar algum dia – financeiramente falando –, tenho outros motivos para você.

AUMENTA SUAS HABILIDADES

Sempre odiei falar ao telefone. Desde que me conheço por gente até o início da vida profissional, só de pensar que eu precisava ligar para alguém, me dava calafrios. Logo, eu nunca praticava. Evitava ligações o máximo que podia. Usava mensagens de texto, e-mails e qualquer outro meio de comunicação para não precisar telefonar.

Assim que a tecnologia ao nosso dispor avançou, minha necessidade de fazer ligações diminuiu. Fui para o mercado de trabalho e, felizmente, minha profissão não exigia muito esse tipo de tarefa. Eu era redator publicitário em agências e, após trabalhar em algumas – sempre sem precisar tocar muito num telefone –, fui parar numa que, além da sede em Porto Alegre, tinha um escritório em São Paulo. Foi o meu pesadelo.

Eu tinha que falar com o pessoal de São Paulo o tempo todo, e a maior parte da comunicação se dava por telefone. Obviamente odiava cada ligação, mas era assim que as coisas precisavam ser feitas, senão o trabalho iria para o ralo.

Admito que, sempre que possível, eu apelava para e-mails. Tentava achar uma escapatória. Às vezes conseguia, outras não. As coisas mudaram quando um dos meus projetos paralelos, a Shoot The Shit, começou a crescer.

Por um bom tempo, o telefone oficial da Shoot The Shit era o meu celular, pois eu tinha mais disponibilidade que meu sócio para atendê-lo. E eu precisava atender. E precisava ligar também quando necessário. Era a minha empresa, aquela que começava a me sustentar (e me sustenta hoje), eu não podia fugir dessa responsabilidade.

Hoje – graças aos deuses do universo –, o telefone oficial da Shoot não é mais o meu. A diferença é que, se me ligarem, ou se eu precisar ligar para alguém, não vai dar tanto medo quanto dava antes. Com o tempo fui perdendo o temor e hoje me saio bem até. Ainda não gosto, mas quebro o galho quando é preciso.

Essa história pode parecer banal; no entanto, demonstra como eu aprendi uma habilidade nova através da necessidade. Ela exemplifica o tipo de situação que um projeto paralelo pode colocar em seu caminho: o de ter que executar algo que você não está muito acostumado a fazer.

Nós somos aquilo que fazemos repetidamente.
Aristóteles

Seja lá qual for seu emprego neste exato momento, é bem provável que você seja pago para realizar apenas um pequeno grupo de tarefas na maior parte do seu tempo. Funções que levaram anos de especialização e agora você realiza diariamente – e gosta, em sua maioria, de realizar (espero eu). Um físico teórico que estuda buracos negros estuda basicamente buracos negros. Um anestesista trabalha basicamente com anestesia. Um diretor de arte cuida basicamente da direção de arte de uma peça publicitária.

Isso não é errado, é apenas como a sociedade funciona. Assim que pisamos pela primeira vez numa escola, começamos um caminho em busca da especialização máxima que envolve toda a vida escolar, mais universidade, pós-graduações, mestrados e doutorados.

Toda essa história é herança da Revolução Industrial, quando a divisão de trabalho foi criada para aumentar a eficiência da produção. Era mais fácil cada um saber uma pequena parte do processo ao invés de todos saberem tudo. Logo, é por causa das pessoas que trabalham ao seu lado que o serviço da empresa na qual você trabalha é entregue. Cada um faz um pouco.

Já em um projeto paralelo, não temos ao nosso lado outros especialistas para nos ajudar a fazer nosso trabalho avançar. A maioria dos projetos paralelos é feita por uma pessoa ou por um pequeno grupo de pessoas. Se precisamos de um site para nosso projeto e não sabemos como programar, é bem provável que o site não saia ou que a gente tenha que assaltar nossas economias para ver ele pronto.

Acontece que, se você é uma pessoa proativa, a afirmação acima não é verdadeira. Quem realmente quer botar uma ideia na rua dá um jeito. O site vai ser feito, mesmo que fique muito mais simples do que o imaginado.

Quem quer fazer alguma coisa, encontra um meio. Quem não quer fazer nada, encontra uma desculpa.
Roberto Shinyashiki

A verdade é que, em um projeto paralelo, ao contrário do nosso trabalho corporativo, temos que ser proativos e fazer praticamente tudo. Mesmo que alguns amigos de bom coração possam nos ajudar uma que outra vez, o projeto depende de nossa vontade de ver as coisas acontecerem.

Essa foi a percepção de Cristiane Schmidt, uma das fundadoras do Continue Curioso, websérie brasileira sobre mudanças no trabalho, nas relações e na vida. "Descobri, logo no início, que para que o projeto andasse e desse certo seria preciso aprender um pouco de tudo e fazer muito mais do que qualquer função preestabelecida."

E, pelo visto, ela fez o dever de casa. Durante dois anos, o Continue Curioso inspirou bastante gente ao mostrar histórias de pessoas que escolheram um caminho alternativo para suas carreiras, e causou comoção em seus seguidores quando chegou ao fim, em junho de 2015.

Social media, atendimento, reuniões, marketing, relações públicas, design, office boy, contabilidade (naqueles casos em que a grana resolve aparecer). Todos são exemplos de atividades que podem ser exigidas pelo seu projeto paralelo.

Quanto mais dessas tarefas a gente realizar por nós mesmos, mais expertises a gente acaba aprendendo. Com o tempo, vamos pegando jeito e uma que outra atividade pode ser adicionada ao nosso portfólio de conhecimento.

Quanto mais se faz, mais se pode fazer.
Amelia Earhart

Embora a especialização tenha seus méritos e seja muito valorizada pela sociedade, saber apenas um único assunto dentro de um mundo competitivo como temos hoje pode, às vezes, não ser o suficiente. O objetivo não é ser especialista em tudo, e sim ter capacidade de resolver problemas para os outros e para você também.

Mesmo que seja só para tirar o seu projeto paralelo da gaveta, ou para se destacar profissionalmente por ter uma gama de habilidades maior que a concorrência, conhecimento sempre é bem-vindo.

EXPANDE SUA ZONA DE CONFORTO

Sair realizando tarefas que não estão de acordo com nosso diploma ou que ninguém está nos pagando para fazer pode ser uma grande batalha.

Na nossa caminhada pela especialização, acabamos indo ao encontro daquilo que gostamos de fazer e nos sentimos bem fazendo.

Embora no início tenhamos que fazer uma ou outra tarefa que não nos agrada muito, a tendência é encontrar um trabalho que seja confortável de realizar.

Mesmo que uma ou outra surpresa possa aparecer, quando estamos trabalhando naquilo que está escrito no nosso cartão de visitas, estamos na nossa zona de conforto. Aquilo não é novo para a gente. É familiar, é confortável.

Assim como muitas coisas que você faz no seu dia a dia. Escovar os dentes, comer, ficar preso no trânsito, beber cerveja com os amigos. Sejam elas boas ou ruins, estão na sua zona de conforto. É por isso que as pessoas buscam ter uma rotina definida, pois a grande maioria da humanidade prefere o conforto ao desconforto.

O desconforto traz surpresas, desconhecimento, frio na barriga. Imagina como seria todo dia ter que descobrir como se faz para realizar tarefas simples, como escovar os dentes ou comer algo? Viveríamos sob estresse e total desconforto. E é por isso que buscamos a rotina. Criamos padrões e os seguimos fielmente. Comemos onde já comemos antes, visitamos lugares aos quais já fomos, andamos com pessoas que já conhecemos. O conforto nos tranquiliza.

Mas, assim como tranquiliza, ele também acomoda.

Se você trabalhar muito tempo em coisas entediantes, isso irá apodrecer seu cérebro.
Paul Graham

Ficar preso à nossa zona de conforto por temer a aventura pode diminuir as chances de que coisas incríveis aconteçam com a gente. Na zona de conforto, nós já conhecemos os resultados possíveis.

Ir sempre ao mesmo bar com as mesmas pessoas, com o tempo, passa a ser um programa com final previsível. Sair todo final de semana em um local diferente com pessoas diferentes aumenta em muito a possibilidade de novas conexões, novos desfechos.

Ao optar pelo conforto em vez do desconhecido, estamos nos condicionando a fugir do desconfortável. Toda vez que surgir a oportunidade de fazer algo diferente, sua mente vai escolher a opção que você está mais acostumado a tomar, impedindo uma oportunidade de viver novas aventuras.

É a história daquele cara que fica tanto na internet que, com o tempo, perde o tato social com o mundo exterior e, por só saber socializar pela internet, acaba ficando cada vez mais em casa por medo de encontrar pessoas no mundo *offline*.

Ou seja, quanto mais tempo ficamos na nossa zona de conforto, mais tempo ficamos na nossa zona de conforto.

O mundo é o que você pensa dele. Portanto, pense nele de um jeito diferente e sua vida mudará.
Paul Arden

O contrário acontece quando começamos a tocar um projeto paralelo e a fazer atividades diversas que fogem daquelas determinadas pela nossa rotina e pelo nosso trabalho cotidiano. Nesse momento, estamos, de alguma forma, saindo da nossa zona de conforto.

Retomo aqui a história que contei sobre telefones.

A minha função diária como redator publicitário era escrever textos para os mais diversos tipos de publicidade. E, assim como essa era a minha função, havia outras pessoas encarregadas de outras funções, como diagramar o anúncio, finalizar, apresentar para o cliente, mandar para a gráfica, etc. Com todo esse processo eu não precisava me preocupar porque os outros funcionários eram pagos para isso.

A partir do momento em que precisei usar o telefone como linha direta da Shoot The Shit, ninguém mais o podia fazer por mim. Ninguém era pago para isso. Não existiam outras pessoas além de mim e meu sócio.

No início, eu era péssimo, mas evoluí em cada ligação até chegar ao ponto de não me preocupar como me preocupava antes. O ato de repetir mais e mais vezes essas tarefas desconfortáveis molda nosso cérebro a aceitá-las com cada vez menos nervosismo ou tensão.

Com o tempo, criamos hábitos novos e aumentamos a lista de coisas que podemos fazer sem medo ou vergonha, acostumando nosso cérebro a buscar o diferente. E é buscando o diferente que a magia acontece.

A vida começa no final da sua zona de conforto.
Neale Donald Walsch

Quanto mais coisas você fizer agora, maior será a lista de possibilidades para seu futuro. Ficar vendo novela toda noite não vai fazer alguém bater na sua porta perguntando se você é um bom designer ou se sabe cantar. Crie. Pratique. Mostre o que você sabe. Saia da zona de conforto e as oportunidades aparecerão. Por consequência, sua vida pode ficar mais interessante.

Quando você faz coisas interessantes, coisas interessantes acontecem com você.
John Hegarty

GERA CONHECIMENTO PESSOAL

Na empresa em que você trabalha, quanto do que é feito (e como é feito) é decidido por você?

Analise sua rotina, as tarefas que executa, a forma como a empresa é organizada. Quem diz se você fez um bom ou mau trabalho? Quem trabalha com você? Quem senta ao seu lado? Por quê?

Não é normal a gente pensar muito sobre essas questões. O normal é a gente começar um emprego e ir se adaptando à forma com que determinada empresa se organiza e trabalha. Quanto menor o nosso cargo, mais precisamos nos adaptar e girar junto com a engrenagem. Nos cargos superiores, temos mais liberdade para propor e executar novas ideias.

A não ser que você seja o chefe ou o dono de uma empresa, é provável que o que acontece em um ambiente corporativo seja decidido por essas pessoas, nos cargos superiores. Horário, número de pessoas, quem trabalha no quê e onde, rumos para a empresa, parceiros, comunicação. Praticamente tudo vem de cima, cabendo aos funcionários se adaptarem àquilo que seus chefes querem.

Embora existam excelentes empresas que sabem escutar seus funcionários e respeitar suas demandas para criar um ambiente de trabalho melhor para todos, a maioria das organizações apenas segue padrões estabelecidos pela sociedade corporativa.

E viver dentro de organizações que seguem modelos preestabelecidos e não dão espaço para funcionários participarem de sua construção é viver em um mundo passivo. Um mundo onde você não decide o horário de trabalho, quem são seus colegas ou qual programa usar para realizar determinada tarefa.

> Toda ação gera uma reação. Se a reação que você deseja é ter uma vida mais interessante e motivante, ter um projeto paralelo é uma boa ação. Outra boa ação é pular de paraquedas todos os dias.
> **Gabriel Gomes**

Na verdade, você escolheu esse modelo ao aceitar esse emprego, mas essa é outra história.

O que quero dizer é que ambientes corporativos são, em sua maioria, lugares passivos, e a passividade não nos faz pensar, analisar, entender. Nos faz seguir a maré e entrar no modo automático.

Ao agir no modo automático, acabamos esquecendo nossos valores, gostos, vontades. Acabamos perdendo nossa personalidade e individualidade, essenciais para uma vida plena.

Num projeto paralelo, quando trabalhamos sozinhos em nossa ideia, o caminho a ser seguido (e como será seguido) é decidido por nós mesmos, e não por um chefe ou memorando.

A gente é que escolhe o que fazer, como fazer e com quem fazer. Saber seus gostos, objetivos e paixões é importante nesse momento. E mesmo que você não saiba muito sobre você, trilhar esse caminho vai ajudar a encontrar respostas.

– Você toma alguma coisa para ser feliz?
– Sim. Decisões.
Autor desconhecido

Segundo Roman Krznaric, um dos fundadores da The School Of Life, foi na época do Renascimento que alguns estudiosos começaram a perceber a importância da busca pela satisfação pessoal através da diversidade de carreiras. Os renascentistas acreditavam que "a plenitude humana é alcançada se fizermos tudo que pudermos para alimentar a diversidade de nossos talentos individuais e as inúmeras dimensões de nossas personalidades".

Para eles, o ser humano é composto de múltiplos "eus". Ou seja, cada pessoa possui muitos gostos diferentes, e a única forma de descobrir todos esses gostos é através da variedade de ofícios. Somente trabalhando em diversas funções é que alguém descobriria e seria fiel à sua verdadeira personalidade e aos seus desejos.

Não é à toa que Leonardo da Vinci, o maior ícone do ideal renascentista, era não só pintor, mas também escultor, arquiteto, poeta, engenheiro, matemático, fisiólogo, químico, botânico, geólogo, cartógrafo, físico, mecânico, inventor, anatomista, escritor e músico.

Se esse cara não se conhecia e nem conhecia aquilo que lhe interessava, então eu estou louco.

Voltando para a Idade Contemporânea, cabe somente a nós ir atrás de nossa "plenitude humana". Não precisamos ser extremos como Leonardo da Vinci, por exemplo, mas podemos, sim, através de um projeto paralelo, caminhar para um maior conhecimento de quem somos.

AUMENTA A CRIATIVIDADE

Tudo aquilo que já vimos, vivenciamos, sentimos e estudamos faz parte do nosso repertório de conhecimento. Cada nova experiência em nossa vida é armazenada no nosso cérebro e está disponível para acessarmos quando precisarmos.

É por isso que pessoas criativas, consciente ou subconscientemente, costumam ser inquietas, curiosas, aleatórias. Elas gostam de ir atrás do novo e adoram descobrir coisas novas. Nossa função como criativos é abastecer nosso cérebro e esperar as sinapses certas para formar novas ideias. Quanto mais informações tivermos para fazer conexões dentro do nosso cérebro, maior a chance de criar algo novo, algo que ninguém jamais pensou.

Uma pessoa que costuma viver diversos tipos de experiências acaba por possuir um repertório de conhecimento maior que uma pessoa acostumada a viver sempre no mesmo tipo de realidade.

Às vezes, a solução para um problema atual está numa situação vivida por você anos atrás ou em um livro que você leu numa viagem. Quanto mais vivermos novas situações, maior será nosso repertório.

Um projeto paralelo pode nos trazer essas novas experiências. Quando tocamos nosso projeto, acabamos vivenciando novas situações que talvez não acontecessem se a gente só ficasse em casa vendo TV toda noite. Nele a gente acaba conhecendo novas pessoas, trabalha num formato diferente de nosso emprego, testa novos tipos de ideias.

A vida é a melhor referência.
Tiago Mattos

Além disso, a motivação de trabalhar com aquilo pelo que somos apaixonados pode ser outro fator importante para impulsionar a criatividade humana.

Dedicar-se àquele projeto que faz seu olho brilhar pode levar você a atingir resultados inesperados. Quando estamos imersos num trabalho que nos dá tesão, acordamos com muito mais disposição, dormimos tarde por não ver a hora passar, damos aqueles 10% a mais da gente, excedente que raramente investimos para um trabalho que não nos inspira.

É muito comum não nos sentirmos motivados na empresa em que trabalhamos. Isso porque, segundo o escritor americano Michael Stanier, a maioria das nossas tarefas diárias são classificadas como *Bad Work* e *Good Work*.

Bad Work é todo aquele trabalho burocrático e mecânico, como preencher planilhas, ir ao banco e fazer reuniões que não levam a nada. *Good Work* é aquele tipo de trabalho que você sabe fazer muito bem e resolve sem muitas complicações. É a descrição do seu cargo.

Se você é um advogado trabalhista, *Good Work* é advogar dentro dessa área. Já ir ao cartório entregar um documento é *Bad Work*.

Good Work é o sustento das empresas. Um escritório de design não se sustenta com seus funcionários fazendo reuniões ou preenchendo planilhas de horas/trabalho. Ele se sustenta com design, e é por isso que o *Good Work* é importante.

O problema é que fazer muito *Good Work* pode jogar você dentro da rotina da desmotivação, pois você sabe resolvê-lo e o faz sem muitas complicações. Ao não nos sentirmos desafiados, costumamos relaxar e operar no automático, nos esquecendo de forçar nossa mente em busca do resultado diferenciado.

É aí que entra o *Great Work*, o terceiro tipo de trabalho definido por Stanier. Nele temos a oportunidade de realizar coisas significativas e impactantes, que nos levam até o limite das nossas competências.

Great Work não é algo que você já fez milhares de vezes, é um trabalho único que cai na sua pauta muito raramente e, por isso, o motiva, o inspira e o coloca em estado de foco total. Geralmente, é uma ótima chance de mostrar para a empresa o porquê de você ter sido contratado.

Great Work conecta seu coração, sua mão e sua mente.
Michael Stanier

Por despertar nos funcionários uma dose extra de motivação e inspiração, *Great Works* costumam resultar em inovação para as empresas. É com esse tipo de trabalho que muitas companhias podem se destacar e mostrar seu diferencial dentro do mercado.

Você já ouviu falar em *Innovation Time Off*?

Innovation Time Off (ITO) é uma política adotada por empresas que perceberam essa relação entre motivação e inovação, apostando nessa fórmula para deixar funcionários mais criativos e gerar resultados diferenciados para o organismo.

Marcas que adotam essa política permitem que os seus empregados utilizem 20% do seu tempo de trabalho em projetos pessoais que tenham a ver com o core business da empresa.

Ou seja, eles são encorajados a buscar *Great Works* em vez de ficar apenas no *Good*. Isso cria funcionários mais motivados e, consequentemente, mais inventivos.

O Google faz isso. E, quando um projeto criado dentro desses 20% é interessante para a empresa, o próprio Google financia e ajuda no desenvolvimento. Gmail, Orkut e Adsense são filhos dessa política.

Projetos paralelos são *Great Works*. É óbvio que existem partes chatas, como mandar e-mails ou ir ao correio, mas o tesão que envolve a maior parte do tempo de um projeto paralelo nos permite dar um pouquinho a mais de energia e chegar a resultados diferenciados. Nos permite ser mais criativos.

ELE PODE VIRAR O EMPREGO DOS SEUS SONHOS

Quando começamos um projeto paralelo, geralmente criamos algo que gostamos de fazer.

Seria burrice utilizar nosso tempo, esforço e, às vezes, grana em algo que não envolve afinidade ou paixão. Eu jamais começaria uma empresa de telemarketing ou faria café para vender em algum lugar. São duas coisas que odeio (sim, eu não gosto de café). Sempre que comecei algo foi em uma área que amo/curto fazer.

Em 2010, comecei, junto de dois amigos — Giovani Groff e Gabriel Gomes —, a Shoot The Shit. Ela, que hoje é um estúdio de comunicação para projetos de impacto social, começou bem despretensiosa: um espaço para realizar intervenções urbanas livre de clientes.

Cansados de não conseguir que ideias diferenciadas fossem aprovadas nas agências em que nós três trabalhávamos, criamos esse projeto como uma válvula de escape. Era na Shoot que a gente podia ser 100% criativo, sem precisar se preocupar com prazos, clientes, metas, números, verba ou qualquer outra barreira tão normal no mercado publicitário.

Não ter tantas responsabilidades e burocracias ao mesmo tempo em que víamos nossas ideias saindo da gaveta era exatamente o que a gente queria. Estávamos trabalhando com comunicação, atingindo pessoas com nossas ações e explorando nossa criatividade ao máximo.

A partir disso, você pode pensar, era só a Shoot The Shit dar dinheiro que a gente teria o emprego dos nossos sonhos, não?

É, mais ou menos.

Uma das características de um projeto paralelo, como falei antes, é sua capacidade de não exigir tanto quanto o emprego que lhe dá sustento.

Por não precisar ser responsável por pagar suas contas, projetos paralelos costumam ser levados numa velocidade mais lenta, e adicionar dinheiro na jogada pode atrapalhar o andar da carruagem.

Isso porque dinheiro traz consigo mais tensões. Quando se começa a ganhar dinheiro, não existe mais voltar atrás. Vira negócio. E, como todo negócio, ele precisa ser tratado como tal, e não mais como uma diversão paralela. Surgem mais tarefas, *Bad Works*, compromissos, horas de trabalho, preocupação com finanças, essas coisas.

E era isso que a gente sentia com a Shoot. "Vamos manter ela assim", "clientes vão estragar nossa liberdade", dizíamos. Criamos ela como um espaço totalmente livre de burocracias e estávamos firmes em mantê-la assim.

Quem se acostuma com o ritmo mais orgânico de um projeto paralelo pode se apavorar e travar diante de tanta responsabilidade. Principalmente aqueles que tocam projetos paralelos mais artísticos, nos quais o tema "monetização" é sempre um grande tabu. Toda a alegria de fazer um projeto no seu tempo livre pode ser substituída por prazos, entregas, pressão.

Ou não.

Se eu falhar, falharei em meus próprios termos.
James Victore

Prazos, entregas e pressão a gente já tem diariamente na empresa em que trabalha, com o agravante de que talvez a atividade que a gente é pago para realizar não chegue nem perto do nível de satisfação que um projeto paralelo pode oferecer.

Demorou uns anos até percebermos isso, ali por 2013, quando começamos um processo para transformá-la em empresa. Queríamos viver daquilo que gostávamos de fazer. Se era para se estressar, que fosse com o trabalho que fizemos em cima de quem a gente era.

Há uma lenda, desde o início da sociedade industrial, de que existe um trabalho perfeito para cada pessoa. Isso até pode funcionar para algumas, mas não para a maioria. Somos seres complexos com muitos gostos e interesses variados, e prender-se em apenas uma profissão, como já disse anteriormente, pode não nos satisfazer completamente.

A real é que a maioria dos empregos são padronizados. Feitos para muitos profissionais com a mesma formação acadêmica, porém, de diferentes personalidades. Logo, é muito difícil que eles atendam a todos os anseios de uma única pessoa.

Já um projeto paralelo é criado à nossa imagem e semelhança. Ele é feito de forma a satisfazer nossas necessidades. Escolhemos horário, formato de trabalho, parceiros, objetivos, metas, prazos. Somos o Deus da p**** toda.

Daí sim. Tendo em mãos um projeto paralelo criado à nossa imagem e semelhança e tendo a consciência de que *Bad Works* fazem parte da vida, é "só" ele dar retorno financeiro para se tornar o emprego dos seus sonhos.

Hoje, a Shoot The Shit se sustenta sozinha, tem seis funcionários, sedes em Porto Alegre e Rio de Janeiro e atende clientes interessados em comunicação voltada para pessoas. Foi um trabalho árduo chegar num formato no qual a gente pudesse atender outras marcas sem perder a liberdade que tínhamos nos anos iniciais. Mas conseguimos. E tem valido a pena.

Não fazer nada é uma boa maneira de não mudar nada.

The Kid President

Resumindo: projetos paralelos podem mudar sua vida.

Pode ser transformando-o numa pessoa mais feliz ao trabalhar com aquilo de que você gosta, pode ser pela força de compartilhamento que a internet proporciona. De um dia para o outro, um vídeo, um artigo, uma pintura, uma roupa, uma foto ou um *meme* que você criou pode ganhar o mundo e transformar radicalmente sua rotina.

Inúmeros são os casos de pessoas que ficaram extremamente conhecidas por causa de uma pequena ação que fizeram, ou que tiveram sua vida alterada pelo número de *views* em um vídeo.

A Crew.co é uma empresa canadense de webdesign, que em 2013 ia muito mal das pernas, financeiramente falando. Tudo mudou quando eles decidiram liberar de maneira gratuita e livre de licença, sem muita pretensão, algumas imagens que haviam sobrado de uma sessão de fotos para seu novo site. Criaram um Tumblr, subiram as fotos e divulgaram, linkando o blog para o seu próprio site. Chamaram ele de Unsplash. A comunidade gostou tanto que eles continuaram postando fotos *free*, agora com imagens de pessoas do mundo todo, que mandavam suas contribuições. O "projeto paralelo corporativo" ganhou força. São 30 milhões de downloads e mais de um bilhão de visualizações a cada mês. O tráfego do site é tão grande que acaba respingando no trabalho da Crew.co, que não está mais mal das pernas.

Casey Neistat, um dos maiores *youtubers* do mundo, é uma prova disso. Um vídeo seu reclamando das pessoas que estacionam sobre as ciclovias de Nova York repercutiu de forma gigantesca, alcançando milhões de visualizações, e após isso seu trabalho como *filmmaker* decolou.

Não tem por que não fazer.

Levanto-me para realizar uma tarefa de homem. Por que teimar, se vou fazer aquilo para o qual nasci, para o qual fui enviado ao mundo? Terei sido criado, por acaso, para ficar agasalhado sob as cobertas? Não vês as plantas, os pássaros, as formigas, as aranhas executarem cada qual a sua tarefa peculiar, colocando o mundo em ordem, da melhor maneira que podem?

Marco Aurélio

A ARTE DE DAR

OK, VOCÊ JÁ SABE COM O QUE TRABALHAR.

Já sabe a área ou assunto que seu projeto paralelo vai abordar. Está feliz porque vai finalmente dedicar tempo para aquela paixão antiga ou aquele novo objetivo. Vai criar algo que ajudará a vida de outras pessoas ou vai simplesmente satisfazer seu potencial criativo.

Então chegou a hora de pensar no próximo passo, o "como".

Como vai ser o projeto? Como estruturar? Como começar? Como não perder o foco? Como manter vivo? Como lidar com grana se, por algum motivo divino, ela começar a aparecer?

Eu não tenho resposta para todas essas perguntas. O que eu tenho são dicas, conselhos e histórias que tirei de alguns bons anos imerso no mundo dos projetos paralelos e que me ajudaram nessa trajetória.

Não são verdades absolutas, não são regras e não é necessário que você as siga para que o seu projeto paralelo funcione. Só quero que as escute com atenção e tente ver se elas se encaixam naquilo que você está criando/fazendo. Se fizer sentido, use sem medo. Se não fizer, siga o seu caminho, crie suas próprias dicas, seus próprios conselhos. Siga o seu coração. É por causa dele que você está aqui, não?

ESCOLHA SUA MÍDIA

Saber no que focar seu projeto paralelo já é um grande avanço, mas o que fazer com essa informação é uma outra história. Encontrar uma forma bacana de transformar uma paixão em um "trabalho" a longo prazo, com todas as necessidades que um simples hobby jamais teria, nem sempre é fácil.

Após toda a procura por aquela paixão especial, é nesse momento que precisamos fazer uma nova busca: a de encontrar o formato que nos dê maior prazer de botar em prática.

O que vai ser seu projeto? Vai ser um blog? Uma fanpage? Um curso? Um perfil no Twitter? Uma palestra? Um documentário? Um encontro de discussão? Um site? Uma exposição? Um aplicativo? Uma intervenção urbana? Um movimento social? Uma animação? Pôsteres? Zines? Camisetas? Mixtapes? Ou só uma hashtag?

Independentemente do que você criar, tente encontrar aquela forma na qual você goste de trabalhar. Se você prefere as palavras à imagem, talvez um blog seja a melhor saída. Se você prefere imagem, talvez um perfil de Instagram seja o suficiente.

Encontre aquele meio que melhor transmita aquilo que você quer passar e no qual seja prazeroso trabalhar. Lembre-se de que você estará investindo seu tempo livre nisso, e não há muito espaço para *Bad Works* aqui. O Netflix estará sempre esperando por você.

BUSQUE REFERÊNCIAS

Antes de tomar grandes decisões é sempre interessante estudar o "mercado" em que você vai entrar. Tendo o assunto do seu projeto paralelo escolhido, é hora de ir atrás de referências.

Se você ainda não sabe como será o seu projeto, procure pessoas ou projetos na mesma área que você escolheu e veja como eles fazem.

Caso você já saiba como será o seu projeto, procure pessoas ou projetos na mesma área que você escolheu e veja como eles fazem.

Exato. Não foi erro de digitação. Vá atrás mesmo assim. Não existe excesso quando o assunto é referências.

Pegue as três iniciativas que mais chamam sua atenção e estude tudo sobre elas. Youtube, Vimeo, Instagram, Twitter, Facebook, Snapchat. Hoje em dia se acham bastidores do trabalho de qualquer artista em alguma rede social.

Liste aquilo que você acha bacana neles, assim como aquilo que você não acha bacana. Essa é uma boa forma de ir moldando seu projeto paralelo já tendo como base experiências anteriores.

Além de indiretamente nos ajudar a descobrir aquilo em que gostamos ou não gostamos de trabalhar, é legal estudar outras pessoas que fazem algo parecido para ver que eles também são humanos e fazem coisas como a gente.

Nada como uma dose de inspiração ao ver que o artista de que você gosta usa o mesmo programa de edição ou também gosta de milk-shake.

TRATE-O COMO UM EXPERIMENTO

É sempre bom relembrar que projetos paralelos não são produtos que uma multinacional lança depois de meses e meses de planejamento, nos quais qualquer falha pode botar muito dinheiro, empregos e reputação no lixo. Pelo contrário, eles são projetos pessoais, experimentais, um espaço para "errar".

Projetos paralelos estão sempre no modo Beta. Estão sempre em teste.

E, por estarem sempre em teste, permitem alterações de rota no meio do caminho. É óbvio que devemos ter bem claro, quando começamos, aquilo que queremos fazer e como queremos fazer. O problema é se apegar a estruturas permanentes e não aceitar a mudança quando ela for necessária.

Nem sempre aquilo que a gente imagina acontece da mesma maneira na realidade.

Às vezes, lançamos um blog e ele não tem o acesso esperado. Talvez o problema seja o domínio, que não explica muita coisa, ou algo mais simples, como a forma de divulgação. Independentemente do tamanho do problema, cabe a nós decidir o que mudar e quando mudar, mesmo que o formato anterior nos agrade mais.

Ou talvez o projeto paralelo vá muito bem, obrigado, mas o formato que a gente criou já tenha enchido o saco e queiramos brincar com novas formas de trabalhá-lo. Acontece. Nesse caso, ou mudamos, ou vamos entregar um trabalho desmotivado em troca de agradar ao público que conquistamos.

Uma outra hipótese ainda é usar o projeto paralelo como área de teste para alguma ferramenta que poderia ser útil no seu trabalho corporativo e que precise de experimentação antes de ser usada em um cliente real.

É em momentos assim que ter a mente aberta e aceitar que é de um experimento que estamos falando facilita as coisas. Se prender ao primeiro formato colocado em prática pode criar um artista frustrado ou um público desinteressado.

Aceite a mudança e não esqueça que experimentos não falham, eles apenas testam hipóteses.

Se sua hipótese for certa, continue. Se for errada, arrume a fórmula.

ENCONTRE SUA VOZ

Muita gente desiste de começar um projeto paralelo por achar que já existem outros parecidos com a ideia imaginada. O medo da falta de originalidade assusta e pode afastar alguém da criação.

Realmente, com diversos projetos sendo lançados na internet o tempo todo, fica cada vez mais difícil criar algo original, que fuja bastante de tudo o que já foi feito.

Se você está atrás disso, beleza, vá em frente. A busca é sempre válida. Mas não deixe de começar um projeto caso não encontre essa solução única.

Às vezes, nossa ideia pode ser igual a várias outras já existentes, como um blog para falar sobre música. É aí que entra a nossa voz. Embora já existam diversas pessoas escrevendo sobre música em seus respectivos sites, nenhuma delas é você. E isso muda tudo.

Só você é você, logo, nenhum projeto no mundo será igual ao seu.

Talvez a forma como você fala sobre música seja única. Talvez a forma como você fotografa seja única. Talvez a forma como você faz piadas seja única. E essa é a vantagem de um projeto paralelo. Ele diz muito sobre você. E, por ser assim, tão pessoal, tem uma grande chance de se tornar único.

Seth Godin, autor americano com diversos livros publicados, acredita que a gente não deve se preocupar com autenticidade, mas sim com consistência. Ou seja, não é sobre ser diferentão e tentar se destacar de forma não natural. É sobre ser você, e apenas você. Tentar ser quem você não é vai ser muito cansativo e uma hora pode cair por terra. O público percebe falsidade.

Seja honesto, comunique-se como você se comunica no seu dia a dia. Não tente parecer com quem você não é, ou imitar o jeito de outra pessoa. Ser 100% honesto consigo mesmo e com o público é a melhor maneira de gerar identificação com o resto do mundo.

Encontre sua voz.

NÃO ESPERE A PERFEIÇÃO

Se você acha que não está pronto para começar um projeto paralelo, seja sozinho ou seja com parceiros, aqui vai o segredo: uma pessoa nunca está "pronta" antes de começar algo. Ela fica pronta durante o processo. A gente tem que começar do jeito que der e ir evoluindo com o tempo, com a prática. Só a prática pode nos dar domínio sobre algum assunto.

Saber que não somos especialistas e enxergar a nós mesmos como amadores – alguém que está começando e que ainda tem coisas a aprender – nos dá humildade e mais tranquilidade para fazer nossas escolhas. E, quanto menos pressão interna na hora de tomar decisões, melhor.

Todo artista foi primeiro um amador.
Ralph Waldo Emerson

Agora, se você acha que já está pronto, mas seu projeto não, tenho outro segredo: um projeto nunca está pronto antes de ganhar vida.

Lembre-se de que estamos falando de um *Great Work*, um trabalho único que você não realizou milhares de vezes e que não possui um resultado óbvio como retorno. Por essas características e pelo fato de você também ainda não estar "pronto", não se deve esperar a perfeição antes de lançar um projeto paralelo ao mundo.

A nossa busca deve ser pela evolução, não pela perfeição. Perfeição é consequência de muito trabalho e esforço dedicados àquilo que estamos desenvolvendo.

James Victore, artista americano conhecido pelos seus pôsteres com tipografia única e pela sua websérie Burning Questions – que é um projeto paralelo, por sinal –, criou para si um lema no que diz respeito ao tema perfeição: "feck perfuction". Traduzindo para o português o bordão significa "foda-se a perfeição", com o adicional de uma pequena brincadeira com as letras para ressaltar o quanto ele não se importa com a perfeição ou com o jeito certo de fazer as coisas.

Para James, a ideia de perfeição parte do princípio de que você tem controle sobre aquilo que está criando e que saberá exatamente como o resultado vai ser. Só que todo esse controle mata a criatividade e o aprendizado. Quando estamos criando algo, precisamos falhar para crescer, para evoluir, para improvisar.

"'Feck perfuction' não significa afrouxar seus critérios ou fazer um trabalho malfeito, significa não deixar que a perfeição impeça você de seguir em frente."

Eu não poderia concordar mais.

Nossa preocupação deve ser apenas em tirar nossa ideia da gaveta. Essa é a parte mais difícil e é a que deve ser feita o quanto antes; todo o resto se conserta depois, durante a caminhada.

Digo que isso deve ser feito o quanto antes porque, quanto mais tempo uma ideia ficar na gaveta, maior é a chance de você perder o tesão por ela. Uma ideia na gaveta não dá nenhum retorno. Logo, a tendência é perder força e deixar de parecer tão interessante.

Barreiras e impeditivos, como essa de achar que você ou seu projeto não estão no ponto perfeito, apenas sedimentam ainda mais a ideia no fundo da gaveta.

Se você não consegue fazê-lo grande, faça-o vermelho.
Paul Octavius

E não espere também que outras pessoas venham salvar você dos seus problemas. Se você não sabe fazer um blog ou um logotipo, pode demorar muito tempo até que alguém tenha tempo livre para ajudá-lo.

Quer fazer algo em inglês, mas não tem quem traduza para você? Google Translate. Precisa de um ícone para fazer um logotipo e não sabe mexer em programas de edição? The Noun Project. Quer fazer um card de Facebook? Canva.com. Quer um site e não tem quem faça para você? Tumblr, Wordpress, Squarespace, Wix. Mailing? MailChimp. Formulários? Typeform. Fontes legais? Dafont. GIFs? Giphy. Organização de projetos? Wunderlist, Asana. Trilha sonora? Youtube Audio Library. Estatística? Google Analytics. Fotos de graça? Unsplash, The Stocks.

Para todo e qualquer serviço do qual você possa vir a precisar para seu projeto, pode ser encontrado um correspondente *free* na internet. Tirando coisas como "construir uma cadeira", para todo o resto existe uma máquina que faça isso para você. Use sem moderação.

> **Se você falhou em algo que realmente tentou, ainda é um sucesso. Você só terá que fazer mais algumas vezes.**
> **Christmas Abbott**

Li esses tempos uma história sobre um professor de cerâmica que dividiu sua turma em dois grupos na primeira aula do seu curso. Com a turma dividida, ele anunciou que uma metade dos alunos seria avaliada pela qualidade de um único pote de cerâmica a ser entregue no final do curso. A outra metade seria avaliada pela quantidade de potes construídos. Quanto mais potes, maior a nota.

Durante o curso, enquanto o grupo de alunos que estava sendo avaliado pela qualidade se concentrava em aperfeiçoar cada detalhe da peça, o outro grupo fazia potes e mais potes sem parar.

O resultado? A última peça feita pelo grupo da "quantidade" era melhor que a peça final do grupo da "qualidade". Isso porque eles tiveram muito mais tempo de prática desenvolvendo os potes, enquanto o outro grupo se apegava a detalhes em busca da perfeição.

Comece. Falhe. Aprenda. Mude. Tente de novo. Acerte. E assim sucessivamente.

> **Feito é melhor que perfeito.**
> **Não descobri o autor dessa frase, mas precisava colocá-la aqui.**

VENDA-SE

Tá aí uma preocupação que um empregado de uma empresa raramente tem: vender seu trabalho. Claro, ter um portfólio ou currículo que impressione é essencial para se conseguir promoções e outros empregos, mas, no dia a dia, dentro da rotina empresarial, não precisamos ficar constantemente mostrando ao mundo tudo que a gente faz.

Geralmente, nos divulgamos quando participamos da criação de um *Great Work*, algum trabalho cujo resultado nos deu orgulho. Mas o *Good Work* diário passa batido. Quem tem que divulgar os trabalhos feitos pela empresa é a própria empresa.

Essa falta de costume pode atrapalhar quando precisamos divulgar nosso projeto paralelo.

Talento é sorte. O mais importante na vida é coragem.
Woody Allen

A vergonha é um dos fatores que atingem aqueles marinheiros de primeira viagem. E podemos dizer que é uma vergonha compreensível, pois projetos paralelos são, na maioria das vezes, bastante pessoais, dizem muito sobre o autor. Nem todas as pessoas gostam de se expor ao mundo.

Num mundo perfeito, existiriam assessores de imprensa ou relações públicas nos ajudando. Porém, esse nunca é o caso. A real é que temos que fazer por nós mesmos. Gritar ao mundo, botar a cara.

Isso significa não ter vergonha do que você faz. Conte aos outros, mostre sua paixão, traga os amigos para perto do projeto. Assim fica mais fácil de eles se identificarem e se conectarem com sua criação.

E nada mais fiel do que um público que se identifica com o que você faz.

Enquanto os envergonhados pecam por omissão, há aqueles que pecam por repetição.

É o caso de quem insistentemente lota a timeline e caixas de mensagem dos amigos e seguidores para divulgar seu trabalho.

Tudo bem divulgar aquilo que você faz com tanto amor. Mas incomodar os outros como forma de divulgação pode afastar algumas pessoas tanto do seu projeto quanto de você mesmo.

O escritor americano Austin Kleon, autor do livro *Roube Como um Artista*, pede que você não se torne um "spam humano", e eu concordo. Não vire um ciborgue programado para disparar mensagens iguais para todos, o tempo todo. Tome cuidado com a forma como se divulga, seja o mais sincero e humano possível.

A solução para isso, a meu ver, é criar estratégias de divulgação que façam as pessoas chegarem ao seu projeto de maneira orgânica, por vontade própria. Por exemplo: em vez de pedir automaticamente para toda sua lista de amigos curtir sua página, por que não postar um vídeo onde você explica o porquê de estar fazendo aquilo? Um pedido de like é vazio, não traz nada com ele, enquanto um vídeo pode ser bastante comovente e inspirador.

Até hoje eu nunca convidei pessoas a curtir alguma página de projeto meu. Certa vez, imprimi em adesivo umas tirinhas minhas e saí colando em pontos de ônibus. Acreditava que uma piada poderia alegrar as pessoas em um momento tão chato e monótono, como esperar seu ônibus. Fiz um vídeo e postei no Facebook. O vídeo foi compartilhado e mais pessoas conheceram meu trabalho. Fiz desse momento algo mais marcante do que apenas pedir para curtirem minha página através de uma notificação.

Sempre existe uma forma mais criativa de fazer algo. Encontre a sua.

Entenda a privacidade das pessoas. Nem todo mundo é obrigado a curtir a página do seu projeto só por ser seu conhecido. Quem tem que curtir é você. E, se você curte, outras pessoas poderão curtir também. Mostre isso a elas.

MANTENHA O FOCO

Por serem feitos no tempo livre e por não carregarem consigo a pressão de sustentar seu criador, projetos paralelos têm como desvantagem algo que eu chamo de "flexibilidade de atenção".

Levando em conta que eles são realizados quando seu criador não está no seu emprego – final do dia e finais de semana –, é bem provável que o tempo dedicado a um projeto paralelo venha a coincidir com outros compromissos comuns à agenda de uma pessoa com vida social ativa. Aniversários, festas, jogos do seu time, happy hours, viagens, jantas, namoro, etc.

Por mais que alguém ame seu projeto paralelo a ponto de abdicar de grande parte da sua vida social, a maioria das pessoas continua a viver sua vida praticamente como antes, comparecendo aos compromissos que são importantes para elas. E nada mais certo que isso; projetos paralelos não são feitos para nos tornar ermitões. Vida social é essencial para a felicidade humana.

A desvantagem, como disse antes, é que uma vida social ativa pode atrapalhar os planos e a rotina de quem se programa para tocar seu projeto paralelo em horários nos quais os compromissos são abundantes. Entre ir ao casamento do seu amigo e tocar aquele blog sobre receitas veganas, o casamento é sempre mais importante.

O segredo para escapar dessa possível desconexão entre projeto paralelo e outra agenda está em aceitar essa dinâmica e buscar um sistema que sobreviva a épocas de formaturas, por exemplo, quando festas acontecem quase todos os dias.

E o único segredo que eu conheço para manter o foco em qualquer área de trabalho é este: organização.

Por mais criativo e cheio de ideias que a gente seja, sem organização não vamos a lugar algum. Scott Belski, fundador da Behance, acredita que, quando o objetivo é impactar, a organização é simplesmente tão importante quanto as ideias.

Criatividade x organização = impacto
100x0 = 0
50x2 = 100
Scott Belski

"Alguém com criatividade média, mas habilidades organizativas estelares, conseguirá maior impacto do que gênios criativos desorganizados", diz ele. E faz todo sentido. Achar que seu projeto – mesmo que esteja totalmente formatado na sua cabeça – vai ganhar o mundo sozinho, sem que você pare para fazer isso, é um grande engano.

To do lists

Ter sempre à mão uma lista de coisas a serem feitas para seu projeto paralelo é essencial para manter o foco a longo prazo. A flexibilidade de atenção exige que tenhamos bastante noção das tarefas em aberto para que, quando tivermos um tempo disponível, não precisemos perder tempo pensando no que fazer.

Lista de prioridades

Ainda mais útil do que ter a lista do que deve ser feito é dispor essas tarefas em uma ordem de prioridades. Devemos sempre levar o projeto para frente; fazer um trabalho que não poderá ter continuidade naquele momento pode atrasar o planejamento inicial.

Quebre em pequenas tarefas

Tente ser bem específico quando listar seus *to do*. Escrever "Criar site" pode ser muito abrangente, o que pode confundir na hora de realizar essa tarefa. Quebre essa grande ação em outras menores: definir nome, comprar domínio, criar conta no Tumblr, escolher tema, postar. E, se quiser, é possível ser até mais específico ainda. Pensar nomes para site, escolher três melhores, definir o escolhido, comprar domínio, criar conta no Tumblr, associar domínio ao Tumblr, escolher tema, linkar redes sociais, escrever primeiro post, postar.

Ter vários itens para marcar como "feito" dá a sensação de que as coisas estão andando, o que é muito recompensador. Nada mais prazeroso do que riscar um item da lista quando você o completa.

Crie uma rotina

Pegue um calendário e marque os dias nos quais você trabalha no seu projeto paralelo. Eu fiz o meu com post-its na parede e, sempre que realizo a tarefa que preciso cumprir, risco um X no dia correspondente.

Tente seguir um padrão: todos os dias, dia sim, dia não, 3x por semana, não importa, desde que a rotina não seja quebrada. Tendo um sistema que funcione, você poderá ver, em poucos dias, a evolução do seu trabalho como uma linha contínua. Daí é só tentar não interromper seu crescimento.

No Zero Days

Essa é uma tática mais extrema, mas não menos efetiva. *No Zero Days* é basicamente trabalhar no seu projeto todos os dias. Sem exceção. Pode ser 1 minuto ou 10 horas, desde que não existam *Zero Days*.

É uma promessa que você cria para si mesmo e que não pode ser quebrada. Um calendário na parede ajuda nesse método também.

Working hours

Se você não ficar confortável com o calendário por saber que não conseguirá manter um padrão, talvez essa outra dica funcione melhor. É assim: marque na sua agenda a próxima vez em que trabalhará no seu projeto paralelo, e apenas isso. Quando chegar esse momento, faça o que tiver que fazer, volte para sua agenda e marque de novo o próximo dia que trabalhará nele, num horário que você sabe que estará livre.

Esse método funciona bem porque, às vezes, é complicado marcar com muita antecedência todos os momentos que você focará no seu projeto. Planejando uma hora de trabalho de cada vez, é possível trabalhar com maior certeza de que os horários serão cumpridos.

A lei dos 5 minutos

Tudo que pode ser feito em 5 minutos deve ser feito na hora. Simples assim. Não faz sentido deixar seu projeto parado por uma tarefa que leva toda essa quantidade de minutos para ser realizada, além de ser uma tática ideal para aproveitar pequenos lapsos de tempo livre que surgem ao longo do dia.

> Adotar uma abordagem mínima para um projeto o levará a um resultado mínimo.
>
> **Andrea Braccaloni**

Essas são práticas que ajudam quem ainda não tem o costume de enxergar o tempo livre como tempo de "trabalho", e metodologias que aumentam a produtividade sempre ajudam. Com o tempo, é provável que essa cultura se instale no seu cérebro, e usar o tempo livre para seu projeto paralelo vai virar uma atividade normal, orgânica.

Se tudo der certo, daqui a algum tempo, você associará tempo livre a tempo de trabalho sem nenhum esforço, alcançando o famoso "ócio criativo" – termo cunhado pelo sociólogo italiano Domenico de Masi –, momento no qual, além da criação de valor, existem também a diversão e o aprendizado.

Indo nessa mesma linha, Jessica Hische, já citada aqui no livro, costuma rotular-se de *procrastiworker*, ou seja, alguém que gosta de trabalhar enquanto procrastina, enquanto curte seu tempo livre. Foi dessa forma que ela deu vida e manteve por um tempo outro projeto, o Daily Drop Cap, um blog de criação de letras exclusivas em caixa alta para serem usadas em textos. Como designer e estando no seu início de carreira na época, aquelas letras feitas no seu tempo livre eram não apenas trabalho e aprendizado, mas também diversão.

Pratique procrastinação produtiva.
Austin Kleon

TENHA CALMA

Um mês de projeto e nada? Cinco meses e nada? Um ano e nada? Nenhuma capa de revista? Nenhum prêmio? 56 seguidores apenas?

Ótimo. É assim que é para ser. Lembre-se. É sobre você, e não sobre os outros. "Projetos paralelos se opõem ao mantra 'falhe rápido', a questão é ter sucesso lentamente", afirma David Hieatt, fundador de vários projetos paralelos, entre eles um evento anual com pessoas criativas e inspiradoras chamado The Do Lectures.

Existe uma parada sinistríssima chamada Kairosgrama que tem um pouco a ver com essa história.

Na Grécia antiga, o tempo era visto de duas formas diferentes. Existia o Cronograma, o tempo do Deus Cronos, e existia o Kairosgrama, o tempo do Deus Kairós. O cronograma é o tempo linear, lógico.

Segundos viram minutos, que viram horas, que viram dias e assim por diante. Ele é previsível. Ele pode ser medido. Você consegue saber quando a próxima hora vai chegar.

Já o Kairosgrama é o tempo do coração. Ele não pode ser previsto e nem medido. É o tempo oportuno, o tempo necessário para que as coisas aconteçam. E para que algo aconteça, é preciso que três fatores estejam em alta contagem: ação, vontade e conhecimento.

O que acontece? Aquilo que você quiser. Para ilustrar melhor, vou usar novamente um exemplo com as minhas tirinhas, o Braga Comics.

Eu comecei o Braga Comics em 2010, mas foi só em 2011, quando eu tirei um ano sabático, que consegui dar a frequência que queria na quantidade de tirinhas publicadas. Antes disso, eu desenhava no meu tempo livre, geralmente em finais de semana. Em 2011 eu comecei a desenhar diariamente e eis que uma tirinha minha apareceu no 9GAG, um dos maiores sites de humor do mundo.

Eu tentava que uma tirinha minha aparecesse lá desde o início dos meus desenhos, mas foi só em 2011 que aconteceu. Olhando com o filtro Kairosgrama, fica meio óbvio que isso tenha acontecido só em 2011.

Ação: intensa (desenhava tirinhas todo dia). Vontade: intensa (eu realmente queria que acontecesse). Conhecimento: intenso (eu desenhava tirinhas desde 2008 e em 2011 já estava bem afiado).

Isso não significava que todas as minhas tirinhas a partir daí iam aparecer no 9GAG. Para manter elas na vitrine era necessário um trabalho constante (ação), evolução (conhecimento) e tesão (vontade).

De novo: tenha calma. Não é todo dia que os três fatores se alinham e tudo acontece. Às vezes temos muita vontade, mas pecamos em conhecimento.

O importante é não desanimar. Ter calma e continuar evoluindo para que, quando você encontrar a ação certa, vontade e conhecimento estejam ao seu lado.

Como não desanimar? Continue trabalhando.

> **Você não tem ideia do que está fazendo. Se soubesse, seria um especialista, e não um artista.**
> **Seth Godin**

FODA-SE A GRANA

Projetos paralelos não são sobre dinheiro. São sobre realização pessoal e sobre encontrar mais paixão e criatividade para sua vida.

Ele pode dar dinheiro? Pode. Ele pode dar dinheiro rápido? Pode. Seria legal? Na maioria das vezes, sim. Dinheiro é bom? É. Você deve cegamente ir atrás disso, então? Não.

Não é sobre dinheiro. É sobre você.

É isso em que eu acredito. Faça o que você quer fazer e faça com vontade. Mostre a todos a sua real motivação. Seja verdadeiro na sua busca. Se esforce. Seja dedicado. Se você é realmente apaixonado pelo seu trabalho, o fato de dar grana ou não é irrelevante. Se der, ótimo. Sinal de que as pessoas entenderam sua paixão e estão dispostas a pagar por isso.

Dinheiro é consequência. E é melhor falar isso agora do que não dizer e você passar seis meses criando um plano de negócios para, quando colocado em prática, falhar.

Se começarmos um projeto paralelo pensando na grana e no primeiro mês não ganharmos um centavo sequer, teremos fracassado. Se começarmos sem pensar em dinheiro, qualquer centavo que cair no nosso bolso é lucro. É um ponto de vista que pode alterar sua percepção de fracassado a bem-sucedido. E sentir-se um fracassado, por mais que a definição de fracasso seja bem subjetiva, não ajuda muito como fator motivacional.

> ## Dinheiro é como gasolina durante uma viagem. Você não quer ficar sem ela, mas também você não está fazendo um tour por postos de gasolina.
> ### Tim O'reilly

Tem coisas que valem mais do que dinheiro. Concentre-se nelas e algo incrível pode acontecer. A mesma Jessica Hische mencionada há pouco conseguiu um emprego no Google por causa do seu blog de letras, e sua carreira decolou desde então, a ponto de ela criar a tipografia de um filme do Wes Anderson. Garanto que ela não está arrependida.

NÃO SE DEMITA

Tá, mas vai que o seu projeto paralelo decolou e começou a dar uma graninha maneira todos os meses. O que fazer? Como agir? Eu aconselho você a ter calma.

Está ok achar que, a partir do momento em que entra grana, as coisas deram certo e só tendem a melhorar. Nem sempre. Precisamos ter cuidado para não cair nessa armadilha e acabarmos sem emprego e com um projeto que deu dinheiro uma vez e a fonte secou.

O primeiro curso sobre projetos paralelos que eu fiz teve quase 100 pessoas pagando para assistir. Deu uma grana boa e me deixou empolgado, tanto que abri uma turma nova no mês seguinte, acreditando que essa grana poderia ser recorrente para minha estabilidade financeira.

Acontece que, todas as outras três vezes em que abri o curso nos meses seguintes, foi quase impossível fechar turmas com 20 pessoas, até chegar um momento em que eu já não conseguia encontrar pessoas suficientes para pagar os custos. Isso mostra que aquele primeiro teste não era o normal de acontecer. Alguém empolgado poderia se demitir após ter uma primeira experiência positiva, mas sofrer posteriormente.

O mais certo é continuar no seu emprego atual e esperar a situação ficar confortável o suficiente para você ter uma garantia financeira, ou pelo menos a certeza de que ela vai chegar caso dedique mais tempo ao projeto.

Enquanto isso, aproveite a estabilidade e o seu salário para investir mais no seu projeto, para deixá-lo cada vez melhor. É para isso que empregos chatos servem: financiar seu próximo sonho.

> Batman precisa do dinheiro infinito do Bruce para financiar seu projeto paralelo de combate ao crime.
>
> **Jessica Hische**

OU SE DEMITA

Quem sou eu para mandar você fazer algo? Se você confia no seu taco e seu projeto paralelo lhe dá muito tesão a ponto de não conseguir mais ir para seu emprego, demita-se. Não podemos nos dar ao luxo de desperdiçar *feelings* como esses.

Tudo que você pensa, pense ao contrário. Esse é o título de um ótimo livro do inglês Paul Arden que você deveria ler. Com certeza ele ajudará na sua decisão (em favor da demissão). Compre ele agora, é barato.

E se o seu *feeling* e a leitura do livro ainda não dão total certeza para sua decisão, pense consigo mesmo: qual é a pior coisa que pode acontecer se meu projeto não der retorno financeiro?

Se sua resposta for algo grave, como "minha família passará fome", fique no seu emprego. E por um bom tempo.

Mas, se sua resposta for "voltar a trabalhar num emprego igual ao que eu tenho agora", então você já tem um motivo para se demitir. Você pode lidar com isso, afinal seu trabalho atual não é o fim do mundo, é?

Se demitir significa mais tempo livre e mais pressão para que sua iniciativa própria dê certo. E esses fatores podem ser as variáveis necessárias para que o dinheiro apareça. Mark Zuckerberg largou Harvard, a faculdade mais renomada do mundo, para se dedicar ao Facebook. Uma decisão que poderia parecer loucura, mas com certeza se pagou. Nada como sangue no olho para garantir seu sustento e tempo livre de sobra para impulsionar o seu projeto a voos maiores.

Siga seu instinto. Prove ao mundo que você pode. Use o tempo a mais que você terá e crie o trabalho dos seus sonhos.

> **VOCÊ É LEMBRADO PELAS REGRAS QUE QUEBROU.**
>
> Douglas MacArthur

A ARTE DE

PEGAR FOGO

É ISSO. O QUE TINHA PARA SER DITO JÁ FOI DITO.

Tentei colocar aqui neste livro o maior número possível de sementinhas na sua cabeça com o objetivo de inspirá-lo a utilizar melhor seu tempo livre e a começar um projeto paralelo.

Mas, como disse uma vez meu amigo Daniel Larusso – grande incentivador do empreendedorismo pessoal mundo afora –, "somente nós podemos 'empoderar' a nós mesmos". Ou seja, as faíscas estão aí, e quem decide se o fogo vai pegar ou não é você.

Sei que muita gente não pode, simplesmente, se demitir para seguir um sonho ou arranjar de um dia para o outro um emprego que misture paixão, propósito e dinheiro em níveis aceitáveis. Mesmo assim, todos podem ter uma vida mais interessante e prazerosa ao adicionar nela um trabalho movido a paixão. Basta querer que isso aconteça e começar a olhar com carinho para o seu tempo livre.

A vida é curta. Viva seu sonho e compartilhe sua paixão.
Holstee Manifesto

Delete os aplicativos. Delete os jogos. Delete os feeds. Despeça-se dos seriados. Arranje tempo livre. Arranje um calendário. Cancele compromissos inúteis. Avise os amigos que você vai ficar mais em casa nos próximos meses. Comece algo. Comprometa-se. Passe do ponto em que não há volta. Trabalhe. Trabalhe com tanta paixão que será impossível não gostar do que você faz. Esqueça o medo. Esqueça o frio na barriga. Esqueça comentários negativos. Esqueça o WhatsApp. Esqueça o Instagram. Esqueça o que o resto do mundo está fazendo. Você está fazendo aquilo que ama, então não há lugar melhor para se estar. Escolha viver uma vida incrível. Ela é muito curta para não ser.

> **"SE NÃO NÓS, ENTÃO QUEM? SE NÃO AGORA, ENTÃO QUANDO?"**
>
> John E. Lewis

AGRADECIMENTOS

Começo agradecendo às 113 pessoas que em julho de 2015 apoiaram financeiramente para que esse meu sonho de ter um livro que ajudasse pessoas a ter uma vida mais apaixonante se tornasse realidade. Sem elas, talvez esse livro jamais tivesse visto a luz do dia. Ver amigos e desconhecidos apostando no meu potencial foi incrível e criou as bases para o que viria a seguir. Jamais esquecerei esse gesto.

Jamais esquecerei também todo mundo que leu, comprou, baixou, divulgou, mandou energias positivas, que torceu pelo sucesso, deu feedback, indicou, tirou foto, emprestou e compartilhou a edição independente deste livro. Esses incríveis gestos me deram segurança para enviar um e-mail para a Belas Letras perguntando se eles gostariam de publicar o mesmo.

Agradeço à Belas Letras por não apagar meu e-mail sem ler e por acreditar nesse livro, abraçando a causa e me ajudando na disseminação do poder do tempo livre. Um agradecimento especial ao Gustavo, por toda a ajuda que me deu para que o livro ficasse ainda melhor.

Renata Siegmann, Natalia Blauth, Gabriel Gomes, Jaçanã Pando, Marcos Piangers, Duda Bueno, Laura Rinaldi e Gabriela Lontra: obrigado por acreditarem no projeto e se dedicarem para deixar o livro muito mais bonito do que minha imaginação jamais permitiu, cada um da sua maneira. Vocês todos são foda.

Agradeço aos meus amigos e familiares, que acompanham meus projetos e me ajudam das mais variadas maneiras sempre que possível.

Por fim, agradeço aos meus pais. Não apenas pela ótima educação e criação que me proporcionaram, mas também por acreditarem no meu potencial e apoiarem minhas escolhas enquanto buscava minhas realizações pessoais.

Amo todos vocês.

**COMPRE UM
·LIVRO·
doe um livro**

Nosso propósito é transformar a vida das pessoas por meio de histórias. Em 2015, nós criamos o programa compre 1 doe 1. Cada vez que você compra um livro na loja virtual da Belas Letras, você está ajudando a mudar o Brasil, doando um outro livro por meio da sua compra. Queremos que até 2020 esses livros cheguem a todos os 5.570 municípios brasileiros.

Conheça o projeto e se junte a essa causa:
www.belasletras.com.br

Este livro foi composto em Aleo e impresso em papel pólen 90g, pela gráfica Pallotti em janeiro de 2020.